教师学习
与
领导力

—— 教有、教治、教享

安·利伯曼（Ann Lieberman）

［加］卡罗尔·坎贝尔（Carol Campbell）　著

安娜·亚什基纳（Anna Yashkina）

彭　静　黄　璐　译

孙　浪　校译

重庆大学出版社

Teacher learning and leadership of, by, and for teachers / Ann Lieberman, Carol Campbell & Anna Yashkina, published by Routledge.

Copyright© 2017 Ann Lieberman, Carol Campbell & Anna Yashkina.

Authorised translation form the English language edition published by Routledge, a member of the Taylor & Francis Group.

版贸核渝字（2018）第 164 号

图书在版编目（CIP）数据

教师学习与领导力：教有、教治、教享 /（加）安·利伯曼
（Ann Lieberman），（加）卡罗尔·坎贝尔
（Carol Campbell），（加）安娜·亚什基纳
（Anna Yashkina）著；彭静，黄璐译.--重庆：重庆大学出版社，2021.9
书名原文: Teacher learning and leadership: Of, By, and For Teachers
ISBN 978-7-5689-2378-1

Ⅰ.①教…　Ⅱ.①安…　②卡…　③安…　④彭…　⑤黄…　Ⅲ.①师资培养—研究　Ⅳ.①G451.2

中国版本图书馆CIP数据核字（2021）第035232号

教师学习与领导力
——教有、教治、教享

JIAOSHI XUEXI YU LINGDAOLI
—JIAOYOU, JIAOZHI, JIAOXIANG

安·利伯曼（Ann Lieberman）
[加] 卡罗尔·坎贝尔（Carol Campbell）　著
安娜·亚什基纳（Anna Yashkina）

彭 静 黄 璐 译
孙 浪 校译

策划编辑：贾 曼 陈 曦
特约编辑：神 鞠

责任编辑：夏 宇　　版式设计：贾 曼
责任校对：王 倩　　责任印制：张 策

*

重庆大学出版社出版发行
出版人：饶帮华
社址：重庆市沙坪坝区大学城西路21号
邮编：401331
电话：（023）88617190　88617185（中小学）
传真：（023）88617186　88617166
网址：http://www.cqup.com.cn
邮箱：fxk@cqup.com.cn（营销中心）
全国新华书店经销
重庆华林天美印务有限公司印刷

*

开本：787mm×1092mm　1/16　印张：9　字数：177千
2021年9月第1版　2021年9月第1次印刷
ISBN 978-7-5689-2378-1　定价：35.00元

总　序

　　教师教学与教学发展是一项专业活动，高校（及专业院系）、教师（及教学团队）、学生等都是这项专业活动的核心参与者与利益相关者。当我们审视尤其是展望一项专业活动的未来时，通常都会对其所处的内外部环境进行扫描，以此来尽量地发现和确定其所面临的机遇与挑战。经济发展与社会转型（如新自由主义、全球化等）、教育教学改革与发展（如高等教育大众化或普及化、以学习者为中心的教学范式等）、教学理念与技术的更新（如循证教学、教与学的学术等）、学习方法与策略的变化（如深度学习、自主学习等）等都是高校教师教学发展所置身其中的重要内外部环境，只有基于对上述内外部环境的认识与理解，才能更加全面地把握与预见高校教师教学发展面临的机遇与挑战。

　　作为教师教学发展的从业者，同时也是丛书的译者，我们将丛书的读者定位为高等学校中关心和关注教学发展的广大一线教师、教师教学发展从业者以及高等学校教与学相关的专业研究人员。以高等学校教师教学发展面临的机遇与挑战为出发点，我们希望作者、译者、读者都能够尽可能地面向高校教师教学发展的未来，因此在选择书目时会考虑其编著者是否对高等教育改革与发展的内外部环境有足够的认识与理解，对教学发展与学习发展所面临的机遇与挑战是否有全面的把握与预见。该丛书是重庆大学教师教学发展中心整合学校资源，经过较长时间的筛选与审读的，我们确信，第一批遴选的五本著作都能够满足以上两个条件。为此我们与重庆大学出版社合作，陆续推出了"高校教师教学发展译丛"的第一批，包括《高等教育与技术加速——大学教学与研究的蜕变》《新教育——不断变化的世界给大学带来的一场革命》《教师学习与领导力——教有、教治、教享》《高等教育循证教学》《STEM 教学实践指南》等经典著作。

该丛书既关注宏观的经济与社会发展（如新自由主义经济和新媒体技术），也关注高等教育自身（如高等教育转型发展、学术伦理），最终又落脚在教师的教学策略、学生的学习方式等。《高等教育与技术加速——大学教学与研究的蜕变》基于新自由主义经济与大学之间的纠葛以及世界高等教育转型发展的背景，批判性地分析新媒体技术、学术伦理及其与当代大学教学策略之间的关系，涉及大学外部的"贪婪企业"和内部的"免疫紊乱"，海德格尔和加塞特等对教学的影响，以学生为中心和自下而上的学习方式等诸多方面。作者从其作为学术和行政人员学习和工作过的亚欧大学收集了大量的逸闻趣事，这些故事不仅能够帮助读者更深入地了解这些大学及其人和事，也能够启发读者重新审思新自由主义经济背后的一些理念。

同样是以社会变革为宏观背景，思考技术变革与社会发展、社会重塑与教育变革，在此基础上反观学校、课堂、教学、学习等和教与学密切相关的具体要素，《新教育——不断变化的世界给大学带来的一场革命》的作者提倡"当变革性技术出现并开始重塑社会时，我们必须依靠高等教育为学生的生存做好充分准备"，基于高等教育滞后于社会变革的背景，反对技术恐惧或技术狂热，探讨如何以创造力、协作力、适应性等 21 世纪最重要的生存工具为抓手来改造学校和课堂，从而不仅教会学生如何思考，更要教会他们如何学习。这本书揭示了培养学生的路径和方法，使学生不仅要生存，而且要在即将到来的挑战中茁壮成长，适合所有想要了解为什么以及如何为 21 世纪重新构想大学的人。

相比前面两本著作，《教师学习与领导力——教有、教治、教享》将其关注点直接聚焦到"教师"这一教学最为核心的主体，强调应最大限度地发挥教育体制中教师的主观能动性，强调只有通过不断地加强横向与纵向的学习，教师方可成为优秀的教育者。基于"最好的教育者首先必须是最好的学习者"这一基本立场，通过回顾和梳理加拿大教育改革中所经历的包括由上至下、由下至上、市场驱动等在内的各种改革和发展的尝试，提出并论述了一个适应 21 世纪加拿大教改需求的新颖构想，即"归其所有，由其而发，为其所用"的教师专业发展模式及系统。希望通过借鉴加拿大教育理论专家和实践者在开发教师学习与领导力方面的相关经历和经验，帮助国内同行寻找一个更符合中国国情的教改发展之路。

教与学的学术（Scholarship of Teaching and Learning, SoTL）是近年来高等学校教育与教学的热点，循证教学（Evidence –based Teaching）则是更为新的教育教学理念。《高等教育循证教学》将"教与学的学术"和"循证教学"两者结合起来，探索基于数据驱动的证据来指导教师挑选教学技巧与工具，尝试将 SoTL 的理论研究与教学实践相结合。围绕和谐师生关系、在线教学、新媒体技术等主题全面梳理现有的 SoTL 研究成果，分析现状与问题，并给出基于证据的对策建议，旨在帮助教师挑战教学技术与工具，进一步帮助有志于从事 SoTL 的教师明确其在相关领域的出发点和可能的落脚点。本书不仅是针对非专业人士关于如何授课的简略指南，而且还涉及诸如因时制宜地选择教学技术，可以作为指导教学发展从业者组织教学发展工作坊、开展教学咨询的依据。

《STEM 教学实践指南》从一位大学化学专业教师的视角出发，将注意力更多地集中于高校一线教师在教学实践中会直接面对的一些具体的、实际的、操作性的问题。作者以"STEM 教育水平的高低在很大程度上影响着一个国家的创新力和竞争力"为出发点，反思了传统教学方式在促进学生深度学习和能力培养方面的局限，倡导"以学习者为中心"的教学范式，详细分析和阐述了教学设计、教学实施、教学评价这三个阶段中具体的困难与对策。在重点关注学生学习成效提升的同时，探讨学生批判性思维、高效团队合作和自主学习等方面能力的培养。新教师可以从书中学到很多行之有效且容易上手的教学策略，避开雷区，少走弯路；资深教师则可以结合书中内容找到共鸣，引发反思；教学发展和教学管理从业人员则可以借助该书提升工作水平。

本译丛得以实施，得益于重庆大学教师教学发展中心专项资金资助，感谢支持该项目立项和为该项目获得批准而付出辛勤劳动的重庆大学副校长廖瑞金教授、本科生院院长李正良教授。本译丛得以出版，要感谢重庆大学教师教学发展中心黄璐主任、李珩博士、陈圆博士、刘皓博士和重庆大学外国语学院游振声博士以及翻译硕士们的辛勤付出。尽管教师教学发展中心一直在开展教师教学发展项目，翻译国外著作对于教师和学生而言也是一种培育和鞭策，但同时面临着语言、专业及能力等诸多挑战，即便我们努力找到与现实教育场域非常贴切的表达方式，仍可能存在不足与问题，万望各界专家和教师们海涵并指正。本译丛得到了重庆大学出版社总编辑陈晓阳、社文分社社长贾曼、责任编辑夏宇、李定群、陈曦的大力帮助。对参与该项目的所有同事、学界同人、出版社的朋友，以及他们对本译丛能够克服重重困难而得以顺利出版所给予的支持、鼓励以及体谅，我们表示由衷的感谢！最后还要特别感谢我的先生但彦铮，对丛书的翻译工作给予了全方位、大力度的理解与支持。

重庆大学教师教学发展中心作为国家级教师教学发展示范中心，一直关注国际教育发展的动态趋势。该丛书的主要译者都有研修和访学的经历，他们或策划实施或亲身参与了诸如牛津大学举办的"Oxford Faculty Development Programme"、密歇根大学举办的"CRLT Fellows Program"等国际化教师教学发展研修项目，以及台湾大学举办的 ISW（Instructional Skills Workshop）、FDW（Facilitator Development Workshop）国际认证教学发展高级研修项目，这些项目的经历、经验及其本土化应用都极大地促进了学校和区域的教师教学发展。衷心希望本译丛的出版能更好地满足当前教师教学发展研究和实践的需要，为我国教师教育研究和实践做出贡献。

彭 静

2021 年 4 月于重庆虎溪

前　言

　　纵观历史，任何一件事物都是在改革中得以生存、发展和进步，而改革的动力则源自内部的需求和外力的驱使，教育事业亦然如此。

　　根据《美国新闻与世界报道》、BAV GROUP 和美国宾夕法尼亚大学沃顿商学院多年来联合发布的世界年度最佳教育国家报告，加拿大屡屡排名前列。中国多年来也是加拿大第一大国际学生生源国。加拿大的教育质量多年来一直位于世界前列，其重要原因之一就是有着这样一批实践性的教育工作者，他们从问题导向入手，在过程中反复实践，不断学习和更新教学实践和理论，力臻完善教育体制和学习方法，为学生和其他教育利益相关者提供最大的反馈和回报。

　　《教师学习与领导力——教有、教治、教享》一书由数名教学从业者所著。他们从加拿大历年来的教育改革入手，梳理了其经历的各式各样的模式和发展，其中包括由上至下、由下至上和市场驱动等不同的改革尝试。随着时代的变迁和教育环境的变化，他们认为之前的教育理论与实践已渐渐无法满足当下的需求。据此，几位作者通过最新的教学实践，提出了一个符合 21 世纪加拿大教改所需的新颖构思，其核心是如何最大限度地发挥教育体制中教师的主观能动性。通过多年的尝试、观察、案例分析、采访、问卷调查等研究方法，他们最终提出一套完整的开发教师学习与领导力的系统，创立了一个"归其所有，由其而发，为其所用"的教师专业发展模式及系统。这一理念颇受加拿大各个层面的教育利益相关者的重视与认可。从学生到家长，从教育局行政管理人员到学校校长，从理论学者到课堂教师，他们对该前瞻性理念的成形与发展都抱有较强的期盼和希望。当然，除了成功地实证教师学习与领导力的政策与实践外，笔者以为该书的另一大特色就是它为我们传递了这样一个信息：只有通过不断地加强横向与纵向学习，我们的教师方可成为优秀的教育者。最好的教育者首先必须是最好的学习者。

  彭静教授独具慧眼，凭借多年的教育理论研究和实践经验，花费了大量的精力，在茫茫书海中选择将该书推荐给国内的同行。笔者以为其目的就是希望通过借鉴加拿大教育理论专家和实践者在开发教师学习与领导力方面的相关经历和经验，帮助国内同行寻找一个更符合中国国情的教改发展之路。

  对于一名在国内完成了大学基础教育，后又在加拿大学习并在加拿大中小学及大学系统进行过三十年教学实践和理论研究的教育工作者来说，能有机会参与该书中文版的部分工作，笔者深感荣幸，受益良多。相信该书在教师学习与领导力的开发上能为国内同行带来一定的启示和帮助。

  谨此。

孙　浪

2021 年 6 月

于重庆大学虎溪花园

作者简介

安·利伯曼博士，斯坦福大学高级学者，哥伦比亚大学师范学院终身教授。隶属斯坦福评价、学习、公平中心（SCALE）和教育就业机会政策中心（SCOPE）。其主要研究领域为教师知识、学习、领导力以及学校/大学合作伙伴关系，在协调教师知识与研究知识领域中享有国际盛名。她撰写和编辑了18本书以及数十篇文章，集中在教师、教师领导力和学校改革领域。她主张制定政策来实现教师学习与领导力，承认教学的复杂性，支持向教师提供支援的重要性。

卡罗尔·坎贝尔博士，多伦多大学安大略教育研究所（OISE）领导力与教育改革专业副教授，应用教育研究知识网络（KNAER）主任；安大略省省长、省教育部长的指定教育顾问。在通过专业知识与研究相结合的方式发展教育改进能力领域享有盛名。坎贝尔博士还担任美国斯坦福大学教育机遇政策中心（SCOPE）执行主任；安大略省教育部高级官员；担任英国教育、学术和政策领域相关职位。

安娜·亚什基纳博士，多伦多大学安大略省教育研究所（OISE）领导力、高等教育和成人教育系高级研究员。研究领域包括教育领导力、教师学习和发展以及学校改进。亚什基纳博士教授研究生课程，并为大学、学校教育局、教师联合会和政府项目提供咨询。

致　谢

感谢所有教师学习与领导力项目（TLLP）的参与者：TLLP 项目参与者、学校、地区和社区从业者与参与者、安大略省教师联合会（OTF）TLLP 项目组成员，以及法国教师联合会（AEFO）、安大略省小学教师联合会（ETFO）、安大略省英语天主教教师联合会（OECTA）、安大略省中学教师联合会（OSSTF）、安大略省教育部（以下简称"省教育部"）教学政策和标准处（the Teaching Policy and Standards Branch of the Ontario Ministry of Education）等附属组织的成员。他们为本书的观点和依据做出了贡献。

感谢省教育部和 OTF 为 TLLP 研究提供资金和支持。感谢玛格丽特·布伦南、娜塔莉·凯莉、奥利维尔·贝金 - 考埃特、卡梅伦·豪瑟曼、索菲亚·马利克、乔尔·罗德威和杰奎琳·索恩提供研究帮助。

感谢卡罗琳·克罗斯比和乔纳森同意我们在本书中使用他们所著的教师领导者相关作品。感谢朱莉娅·格雷登、克里斯汀·马斯喀特·芬内尔、艾莉森·雷德利·沃尔特斯、凯尔·格里森和安妮塔·辛普森，他们为本书中的省级知识交流项目（PKE）研究做出了重大贡献。

我们还要特别感谢参与发起 TLLP 的关键人员：OTF 专业事务总监林迪·阿马托和省教育部教学政策和标准处前主任保罗·安东尼。林迪和保罗专程来到斯坦福大学，花了两天时间，写下了他们对 TLLP 及其诞生背景的观点。他们代表了省教育部（决策小组）的领导力，而 OTF 则代表了教师工会。我们在第一章中使用了他们的注释，用于说明创建 TLLP 的重要性，以及政策制定者和从业者如何思考和表达的细微差别。通过这种方式，我们了解到决策是如何帮助我们履行前瞻性实践的。大多数教育工作者都希望将理论付诸实践，但 TLLP 真正兑现了其诺言！

英文术语缩写表

TLLP：Teacher Learning and Leadership Program

教师学习与领导力项目

PKE：Provincial Knowledge Exchange

省级知识交流项目

DLLK：Documenting Literacy and Learning in Kindergarten

记录幼儿园识字与学习项目

BM：Balanced Math

数学均衡发展项目

PD：Professional Development

专业发展

OTF：Ontario Teachers' Federation

安大略省教师联合会

介　绍

教师学习与领导力项目简介

对于我们来说，安大略省的教师学习与领导力项目（TLLP）非常重要和特殊，每个人都应该了解它。教师的专业学习和发展终于可以由自己把控，并在过程中得到支持。我们的研究表明，TLLP 对教师"归其所有，由其而发，为其所用"的专业发展不但对教师的学习与领导力有很强的促进作用，学生的学习也受益匪浅（Camplell et al., 2013；Campbell et al., 2014，2015b）。TLLP 令人惊艳！

TLLP 是独一无二的。我们有位成员从事教育多年，在世界各地调研，为教师学习与领导力相关的各种组织提供咨询，从来没有见过这样的项目。TLLP 鼓舞人心、给人力量。在闭幕活动（分享学习峰会）期间，教师分享了他们的 TLLP 项目的后期工作。他们在分享并展示 TLLP 项目成果时，我们可以看到（并感受到）他们的自豪感和成就感。TLLP 是成功的。教师参与者称这个项目是"一次改变人生的经历""一份无价的礼物"，是"我有过的最好的 PD"。

我们参与这个项目超过九年，以上都是我们所见证、所发现的证言。我们现在满怀激情地讲述 TLLP 的故事，希望它能激励世界各地的教育工作者和政策制定者，让他们认识到，"归其所有，由其而发，为其所用"的教师专业发展可能是最终大幅改变教师专业发展的重要途径。

什么是 TLLP

TLLP 始于 2007 年，由省教育部和 OTF 共同发起，其目标是：

◆ 支持有经验的教师进行自我导向型高级专业发展；
◆ 培养教师分享专业知识和模范实践的领导力技能；
◆ 促进知识交流，以提高有效实践和创新实践的传播性和可持续性。

　　每年，经验丰富的教师（无论是个人还是团队）都可以申请开展 TLLP 项目。省教育部和 OTF 每年都会征集 TLLP 项目提案，教师可以把自己的项目提案交给他们。TLLP 项目提案应包括拟议项目描述，该项目如何帮助学生学习，如何体现安大略省在教育卓越、公平、福利和公众信任方面的优先事项，还要包括 TLLP 团队专业学习的理论基础。提交具体计划，包括教师专业学习和分享的具体目标、活动、措施和预算。学区委员会审查申请，择优提交给由教师工会和政府代表组成的省政府代表，由他们选择资助项目。2016 年 5 月，第十批 TLLP 启动。

　　成功入选的教师申请者将接受培训、获得支持、得到 TLLP 项目资金。在开始 TLLP 项目学年之前的 5 月，教师领导者参加课堂教师领导力技能培训，为 TLLP 项目的专业学习、项目管理和领导力期望与需求做好准备。他们将在下一学年制定并实施其项目。在 TLLP 项目进行期间（甚至结束之后），参与者会加入"导师时刻"，一个共享资源、学习和讨论的在线社区。而最近，新上线的在线平台 Teach Ontario 使其使用率更广。下一学年 11 月，TLLP 项目结束后，TLLP 团队将参加分享学习峰会，展示已完成的项目，并进一步推广实践。通常情况下，TLLP 项目从初始培训到实施，再到最终的峰会，需要 18 个月的时间。TLLP 项目负责人必须在年底提交 TLLP 项目的最终报告，内容包括项目目标和成功之处、专业学习、项目共享、项目挑战以及 TLLP 资金以外的预计学习和影响。此外，为了进一步推广已完成 TLLP 项目的学习，学区可以申请省级知识交流项目（PKE）资金，为节约时间和路程提供资源，使前 TLLP 教师领导者能够与安大略省（或更远地区）的其他学校和学区分享知识和实践。

　　有关 TLLP 项目目标，TLLP 项目申请、开展和报告流程，分享 TLLP 项目学习及活动等更多详细信息，请阅览省教育部网站和 OTF 网站。

在本书中，我们描述了在政府政策支持和教师工会合作下，TLLP 与教师学习、领导和分享专业知识的相关性。这是创新的专业发展模式，世界各地的其他人士皆可以效仿。

我们的研究

TLLP 进行第二年后，我们意识到，没有人会相信由教师领导的专业发展取得了令人难以置信的成果。因此我们联系了省教育部，希望通过研究来收集我们看到的证据。

2012 年，受 OTF 和省教育部委托，我们开展了一项为期一年的小型研究项目，研究 TLLP 的优势或挑战。我们首要研究的问题是：

1.TLLP 对教师的价值是什么？

2.TLLP 的总体目标在多大程度上得以实现？

3. 到目前为止吸取了哪些教训？

我们的研究方法包括：

分析 TLLP 文件；

观察和评估 TLLP 参与者的省级活动；

对前四批 TLLP 参与者最终报告进行定性统计分析（2007—2011 年，共进行了 302 个 TLLP 项目）；

对 20% 最终报告（60 个项目）的代表性样本进行深入的内容分析；

面试 TLLP 参与者（项目教师领导、教师工会领导和政府官员），并进行访谈。

完成初步最终报告（Campbell et al.，2013）后，我们受邀进行第二次为期五年的纵向研究，更深入、更广泛地研究 TLLP 的传播性和可持续性。在这次研究中，我们的首要研究问题是：

1.TLLP 项目对教师的专业学习、技能和实践以及领导力有何影响？此外，他们对其他受 TLLP 影响的成年人有什么影响？对学生的投入和学习有什么影响？

2. 如何在 TLLP 项目团队之外共享学习？

3. 参与 TLLP 项目可能产生的长期影响是什么？

我们的研究涉及多种方法，包括：

◆ 对 TLLP 项目申请提案和最终报告中所有已批准项目（第五批以后）的数据进行持续定性统计分析，探索项目主题和规模的性质与分布。

◆ 对 20% 最终报告（第五批以后）的代表性样本进行持续深入的内容分析。

◆ 每年对 TLLP 课堂教师领导技能和共享学习峰会的参与者反馈进行观察和分析，调查项目期间 TPPL 提供了哪些支持，对项目参与者有哪些帮助。

◆ 对第一批到第七批所有 TLLP 项目负责人进行在线调查，调查教师在 TLLP 方面的经验，TLLP 项目的影响、传播和可持续性，以及全省范围内的教师实践发生了哪些变化。

◆ 该调查于 2013—2014 年进行，243 名教师完成了调查（回复率为 47%）。

◆ 在每个团队的项目初期和后期，对 TLLP 项目负责人进行小型调查，探索 TLLP 项目年期间 TLLP 项目负责人在学习、领导力和实践方面的信心变化。

◆ 分析 PKE 项目中所有相关分享活动的最终报告和日志，因为 PKE 项目分享也是 TLLP 项目分享的一部分。

◆ TLLP 教师领导者撰写小脚本，讲述自身 TLLP 经验和领导力的成长。

◆ 对目前正在参与 PKE 的前 TLLP 项目进行案例研究，以审查 TLLP 专业学习和相关实践的进一步传播性和可持续性。包括采访相关项目负责人、学校和学区领导、从事 PKE 专业学习的教师；观察 PKE 专业学习活动，分析相关 PKE 文件和物件。

◆ 通过"导师时刻"NING 网站对 TLLP 在线和社交网络活动进行分析，调查网络成员之间互动和交流材料的性质和传播情况。

◆ 与 OTF 和省教育部 TLLP 委员会／团队成员进行专题小组访谈，了解他们对 TLLP 相关成功经验、挑战和未来计划的整体看法。

在本书中，我们报告了迄今为止看到、收集、分析和激情分享的内容。我们讲述了 TLLP 诞生的非凡故事。TLLP 是一个以教师为起点的项目，让教师在学习过程中学习新思想、领导力，并在学校内外分享学习成果，因为他们赢得了教育政策制定者的信任。继续读下去吧，了解教师如何为自己和同事组织专业发展的细节：他们学到了什么？领导能力如何发展？他们如何创造各种方式来分享他们在课堂和学校之外学到的东西？本书不仅讲述了不同的 TLLP 项目，还收录了讲述自身学习经历和领导经历的教师小脚本，以及两个 PKE 项目范例。

目　录

1. 教师学习与领导力的政策与实践

要想讨论教师"归其所有，由其而发，为其所用"的专业学习与领导力，先要考虑教育系统改革的政策变化，以及对教师实践和领导力兴趣的增加。我们汇集了研究、实践和政策各方面的证据、争议和最新想法。本书的作者现在或曾经是学生、教师、领导者、研究人员、学者、政府官员和政治顾问，在省／州和国家各级的学校、地区和整个教育系统工作过，并在国际合作方面有过贡献。要真正使教师能够领导自己的学习和实践，就需要利用专业知识和研究证据，整合政策和实践的变化。

我们开始研究政策制定者对改善教育实践的关注度有何发展，随着时间推移，政策制定的实质和方式又有何变化。时间推移，环境改变，提高教师质量的政策制定方法也在发展。如今这个时代，由教师主导、与整个教育系统合作的教育改革方式初露锋芒，并形成势头。我们提议，教师学习与领导力要求教师成为教育变革中心的核心分子，而不是外部授权改革的对象或接受者。政府、校区和学校领导成为支持、共同学习和促进专业实践的合作伙伴。这不仅关系到政策的实质，而且关系到制定和执行政策的新方式，需要同时考虑到教师实践的变数和他们成为教育改革领导者的可能性。这场教育变革，由教师领导，与整个教育系统的教育工作者合作，其中不仅包括学校、校区、州／省和国家，还包括整个国际教育网络。在这样一个日渐紧密的系统中，教师正寻求成为当地的，甚至是全球的教育实践和改革的倡导者、专家和领导者。

教育改革政策：治理教师实践、学校和制度改进

　　自学校规范化出现以来，人们一直关注需要哪些政策才能获得高质量的教育经历和学习成果。教育以及学习成果经历不平等的现象持续存在，是学校教育和学生发展的顽疾。低水平教育，例如高中肄业，和 / 或学生成绩差异性大，会给个人生活乃至整个经济、社会和社区发展带来严重后果。教育改革对道德（Fullan，2010）、社会正义（Hargreaves & Shirley，2009）和经济（OECD，2010）的重要性是不言而喻的。教师始终是帮助学生学习和成功的关键，也是学校和系统改进的关键。

　　然而，随着时间的推移，教育治理和教育改革的内容也在不断演变，其中包括对发展教师实践的态度和方法。哈格里夫斯和雪莉（Hargreaves & Shirley，2009，2012）认为一共有四种教育改革方式：

　　　◆ 第一种，国家提供支持，专业自由，虽然是一种创新的改革方式，但两者很难兼得；

　　　◆ 第二种，市场进行竞争，教育标准化，但这种方式丢失了教育的专业自主权；

　　　◆ 第三种，在市场和国家之间寻求平衡，利用问责制限制来寻找专业自主权的平衡。（Hargreaves & Shirley，2009：xi）

　　我们之后会讨论到，哈格里夫斯和雪莉（Hargreaves & Shirley，2009，2012）提出了第四种选择方式。该方案以职业操守、民主参与和伙伴关系为基准，并将此与以激发性和关联性为特征的公共教育相结合。每一种改革方式及其研究、政策和实践方面的相关发展，都表明在"归其所有，由其而发，为其所用"的教师学习与领导力的态度、方法、争议和可能性正在发生变化。

　　根据哈格里夫斯和雪莉（Hargreaves & Shirley，2009）的说法，第一种方式出现在第二次世界大战结束时，一直持续到 20 世纪 70 年代中期。那是一个对福利、人权运动、公共服务信任和教师专业自主权进行投资的时代。政府提供建立或发展公共教育系统的权威性法律依据和资源。教育工作者在教育内容、专业实践和日常工作方面享有很大的自由和自主权，那也是一个"创新和存异"的时代（Hargreaves & Shirley，2009：3），

但由于缺乏对能力建设和领导力发展的关注,出现了"在重点和质量上的巨大差异"和"执行上的不平衡"(Hargreaves & Shirley,2009:5),家长、政治家和公众开始变得担忧和沮丧。

到20世纪70年代末,研究学校效能的教育研究有了重大进展。虽然学校效能研究的起源研究指出,学生自身的背景作用更大(Coleman et al.,1966),学校对学生发展的影响有限。特别是不同种族、族群和社会经济背景的学生不平等现象持续存在(Jencks et al.,1972)。但20世纪70年代中期以来的方法学发展和实证研究,让人们更多关注学校内部的因素,关注那些无论学生背景如何,都对促进学生发展起到了作用的因素。正如雷诺和克雷默斯(Reynolds & Creemers,1990:1)所说,学校效能研究(SER)"以学校的重要性为基础。学校确实对儿童的发展有重大影响。简单地说,学校起了很大作用"。

尽管人们一直在争论学校如何发挥作用(Thrupp,1999),但有大量证据表明某些因素似乎有助于提高学校对学生的影响,特别是从学生质量相似但教学成果相差甚远的学校中可见一斑。尽管一些高效能学校(即促进学生发展的学校)的"特征"和/或"方法"有许多不同之处,但它们都重视教师和教学相关的重点。例如,埃德蒙兹(Edmonds,1979)对高效能学校的开创性研究将教学和学习看作五个关键特征之一,其后续研究建立、补充和完善了高效能学校的特征。又如莱文和莱佐特(Levine & Lezotte,1990)以及莱佐特(Lezotte,1991)认为,高效能学校特征应包括"教学领导力"。萨蒙斯等人(Sammons et al.,1995)认为,高效能学校因素应包括专注于教学和学习以及有目的的教学。不仅要思考"什么造就了一所'好'学校",还要想着"我们如何让更多的学校变'好'"(Reynolds et al.,2011:1),这两者确定了高效能教学方法和专业学习与技能发展(Teddlie & Reynolds,2000)。除了学校效能方面的研究进展外,学校改进研究也开始强调承诺和管理改善学校教育方法的重要性,以实现长远的持续性改进(Reynolds & Stoll,1996)。

20世纪80年代的第二种方式,让政策制定者开始考虑学校效能和改革对教育成果带来的影响。根据哈格里夫斯和雪莉(Hargreaves & Shirley,2009)的研究,第二种方式加强了政府对教育内容和运作的集中化。对课程、评估和预期成果作出规定,对作为学校消费者的父母和公众进行问责,这两者取代了专业自主权。哈格里夫斯和雪莉(Hargreaves & Shirley,2009)提出,通过1988年教育改革法案在英格兰、威尔士和北爱尔兰引入国家课程是第二种方式的典型代表。虽然教师的工作被视为中心,但教师并不是这些政策的拥有者和制定者;相反,他们是政府制定的课程、考试和相关教学方法的实施者。

第一种方式的局限性在于,专业自主权带来了积极的创新,但同时也带来了不一致性和低效能。为解决这个问题，第二种方式中政府变得更加集中和规范。这种方式的缺点是行政命令自上而下，没有注意、考虑和支持教育专业人士。第三种方式的政策旨在"将改革后的国家福利稳定与对专业人士和职业精神的重新尊重以及对市场创新精神的创业能量结合起来"（Hargreaves & Shirley, 2012：6）。在第三种方式中，20世纪90年代出现并持续至今的两大发展为教育改进和教师实践提供了政策方向：首先，教育改革的规模扩大到整个系统（州/省/国家）；其次，改革的主要焦点已经转变成了教师和教学。

因此，随着全系统改革和大规模教育改革的兴起（Fullan, 2000, 2009, 2010），教育改革的目的、目标和规模已经变得"更大"（Hargreaves et al., 2009：xii）。在《教育改革杂志》（*Journal of Educational Change*）创刊号上，富兰（Fullan, 2000）预告了"大规模改革的回归"，涉及了全校改革、全区改革和州/国家改革。近十年后，富兰（Fullan, 2009：101）提出，2003—2009年是"大规模改革成熟"的时期，改革重点从规模改革扩大到涉及各级教育系统相互作用和相互关系的体系。事实上，富兰（Fullan, 2009：112）的结论是，在进入21世纪第二个十年时，"体制改革确实开始成熟"。富兰（Fullan, 2010：4）"全系统改革的大构想"是：

1. 所有孩子都可以学习。
2. 只有少数的关键优先事项。
3. 坚定的领导力/口径一致的信息。
4. 合作能力。
5. 精确策略。
6. 智能问责制。
7. 所有人参与其中。

虽然这七个理念都很重要，但全系统改革的主要特点是"所有人参与其中"：所有学生和学校加上所有就业和/或从事教育系统的人。

这很大程度上是由于人们对国际测试和基准测试（Schleicher, 2009）以及对不同国家背景下的教育战略、实践和成果的研究（Barber & Mourshed, 2007；Darling-Hammond, 2010；Fullan, 2010；Jensen et al., 2012；Mourshed et al., 2010）越来越感兴趣，国家和/或州/省一级对"全系统"教育改革的内容和过程越来越关注。教育高质量（高成绩标准）

和公平（不同学生和学校的成绩差异）都是优先目标。

对全系统改革的讨论通常将总体行动理论与对改革过程的关注结合起来（Fullan，2009，2010）。教育改进没有一刀切的方法，各国之间和各国内部都存在着相当大的差异。虽然作者们的细节各不相同（Barber & Mourshed，2007；Fullan，2009，2010；Jensen et al.，2012；Mourshed et al.，2010），但我们认为"全系统"的教育改进包括：

◆ 以改善教学为中心，为领导力发展、关注公平、课程和评估提供支持；

◆ 少部分雄心勃勃但又息息相关及其有现实意义的目标得到了广泛交流、理解和行动；

◆ 根据优先目标和战略有效分配资源；

◆ 持续关注关键目标和相关优先战略，同时管理主要改革议程中可能出现的干扰因素；

◆ 有能力的资深领导者确定教育改进的优先次序，促进教育体系中领导者与领导力的参与和发展。

◆ 对学生和学校设定高标准和高期望值，结合数据评定绩效，监测改进情况，确定进一步改进目标；

◆ 重视现有专业实践，透明化，对进一步改进专业实践和学生学习抱有高期望；

◆ 通过实施对教育工作者的招聘、培训、发展、认可、改善工作条件和职业发展等措施，强调并支持、尊重、重视和发展专业能力（个人专业能力和团队专业能力）；

◆ 承诺不断改进和有效借鉴，以确定和推广有效做法，并创新后续做法；

◆ 着重关注实施战略和改进实践及成果的程序。（Campbell，2015a：73-74）

这些国际运动的核心是"教育系统的质量不能超越教师的质量"（OECD，2010：3）。这个核心观点是由国际学生评估计划（PISA）和国际教育系统研究报告（Barber & Mourshed，2007；Mourshed et al.，2010）提出的。证据表明，教师和教学是学校效能和改进的核心。事实上，有些证据表明，教师效能甚至是学校最重要的要素（National

Commission on Teaching and America's Future, 1996; Sanders & Rivers, 1996）。国际上越来越重视教师素质和高效能教学。达林 - 哈蒙德和罗斯曼解释道：

> 关注教师效能是有意义的。虽然人们可能对衡量和发展效率的最有效方法存在分歧，但教育工作者和政策制定者普遍认为，确保教师有能力改进学生的学习，学校领导有能力帮助他们这样做，也许是提高学生成绩的最重要步骤。这一观点得到了研究支持。证据表明，教学是影响学生成绩的最重要的学校层面因素之一，提高教师效能可以提高学生的整体成绩。（Darling-Hammond & Rothman，2011：1）

达林 - 哈蒙德和罗斯曼（Darling-Hammond & Rothman，2011，2015）为高绩效教育系统教师效能方法的研究确定了六个关键程序：

> 1.首先需要有一个系统：注意专业发展体系，包括招聘、准备、入职、继续学习和职业发展。
>
> 2.从一开始就做好：使用强有力的制度来招聘高素质候选人，并为他们成为教师做好准备。
>
> 3.让教书育人成为有吸引力的职业：更加尊重、认可教师，提高教师地位，以及有诱人的工作条件、薪水和影响职业选择的其他方面。
>
> 4.进行继续学习投资：为持续的专业发展、学习机会和协作时间提供支持。
>
> 5.在最需要的地方投入足够的资源：确保为学校和教师工资提供良好的资金，减轻不同家庭收入对儿童受教育机会的影响。
>
> 6.积极招聘和培养高素质领导力人才：招聘、支持和培养重视教学领导的领导者。（Darling-Hammond & Rothman，2015：76-89）

支持教师学习与领导力的高绩效教育体系，例如加拿大、芬兰和新加坡，以重视公共教育和尊重教学专业为重（Darling-Hammond & Rothman，2015；Lay-Choo & Darling-Hammond，2015；Pervin & Campbell，2015；Sahlberg，2015）。

然而，全系统改革的理念以及政策和实践细节的实施却存在争议。不管是政策的实质，还是更为重要的政策制定和执行方式，都受到了批评。主要争论点在于政府"自上而下"的改革，与"自下而上"的专业举措和/或同事间的横向学习和创新的性质和平衡。哈格里夫斯和雪莉（Hargreaves & Shirley，2009，2012）认为，虽然全系统改革的设计者和实施者都是善意的，但实施方法变得过于专制，实施细节也过于数据化驱动。在教育政策和实践的制定及实施过程中，需要实现并重视更为分散的领导、共享的所有权和专业判断。

事实上，强调教师的作用在教育进步的核心中有利有弊，人们对教师是否应该成为外部变化的主体有不同的看法。例如，是否应该通过实施教师绩效测量和评估，或通过教师自身发展和行使其集体专业判断的机会来推动改革。教育周刊某篇讨论美国教师政策的文章曾挑衅地问道："我们的教师是'在餐桌上'一起用餐还是'在菜单上'被用餐者挑挑拣拣？真的很难说。"（Heitin，2013）

走向以教育者为中心的协作式专业化

我们现在正处于教育改革中一个激动人心的重要时期，人们越来越担心"自上而下"或"自下而上"的教育改革的局限性，改革不能简单地将系统带进课堂，也不能只基于个人实践而没有更多分享和广泛支持。教师们如何在其他教育者、学生、合作伙伴以及社区成员的协作下，领导他们自身以及同事们的教育实践，实现真正意义上的"归其所有，由其而发，为其所用"的专业体系，改善我们的教育，这便是本书真正的目的。

对以教育者为行动中心的教育改革的批评和呼吁越来越多。然而，目前政策制定、实施的实质和方式如何发生转变其可能性各不相同。例如，哈里斯提出，系统改进的未来需要新的改革模式、新的能力和新的工作方式，"全系统改革无疑需要不同性质、不同秩序和不同规模的领导……发展在系统中的各级领导力才能取得成功"（Harris，2010：204）。"系统领导力"的概念强调了整个教育系统中发展和分配领导力的重要性，强调了系统各级领导者之间的互动、联系和人脉需求。

哈格里夫斯和雪莉（Hargreaves & Shirley，2009：71）提出了他们的第四种方式，即"将政府政策、专业参与和公众参与结合在一起，在一个更加包容、安全和人性的世界中实现繁荣、机遇和创造力的社会和教育前景"。哈格里夫斯和雪莉（Hargreaves & Shirley，2009，2012）的第四种方式明确地否定了萨尔伯格（Sahlberg，2011，2016）所说的全球教育改革运动（GERM）对标准化、测试、目标、学校选择和竞争的焦点。相反，第四种方式将教育者的人力（个人专业知识和技能）、社会（集体协作知识和实践）的专业资本和决策资本（专业判断和专业精神）作为教育改革的核心，其优先性和重要性也依此排序（Hargreaves & Fullan，2012）。因此，"第四种方式将系统的专业人员视作改革的动力，而不仅仅是实施者"（Hargreaves & Shirley，2012：121）。学校和校区的地方教育领导者是第四种方式的核心，在整个教育系统中发展（更新后的）领导力的实践。

"居中领导"（LftM）这一理念因此诞生，用于审核和倡导学区、学校教育工作者以新方式领导改革。哈格里夫斯和布劳恩（Hargreaves & Braun，2012）在实施安大略省特殊教育政策学区的研究中首创了"居中领导"这一短语。政府没有自上而下强制执行，而是向代表学区专业领导者的安大略省教育主任委员会（CODE）提供 2500 万加元，以发展和支持该新政策的专业发展。CODE 与教育领导指导小组（新退休和声誉良好的前学区领导者）、学区和省教育部（政府教育部门）合作，以有效支持当地发达地区计划和项目的专业发展及实施，帮助有特殊教育需求的学生。根据相关学区领导者情况，"居中领导"已经遍及学区、学校网络（Fullan，2015）以及校际和点对点网络（Ainscow，2015；Hargreaves，2015）。富兰解释道：

> 新战略"居中领导"的兴起，有望实现整个系统内更进一步的一致性和影响力。"居中领导"战略内容包括：加强学区和学校网络、共同解决具体问题、构建提高学生参与度的教学能力和集体专业知识等。"居中领导"更适合学生和教师的创新、传播、参与，以及发展深度学习成果，如品格教育、公民意识、协作、创造力和批判性思维。简言之，LftM 是让整个系统适应 21 世纪所需的、新意的和更深层次的学习模式。（Fullan，2015）

富兰（Fullan，2015）认为，虽然在整个系统方法中，教育治理的"居中领导"往往指学区（或对应地点）或学校网络发起领导，但在教育改革中可以而且应该有许多"居中领导"的力量，包括教师、学生和家庭。

"居中领导"承诺用专业合作引导教育改革。但如果一不小心，"居中领导"的"居中"被认为是某个部门，学区承担指导教师完成自上而下任务的角色，那么实施这一战略将困难重重。教育改进可以而且应该通过专业网络、共同学习、共同发展和协作来实现。领导全系统教育改革需要培养和重视领导力，这种领导力是所有参与、影响和促进实践和成果改进人员所拥有、享有、自发并有价值感的领导力。教师领导者们自己也呼吁采取"翻转系统"（Evers & Kneyber，2015）的方法，将自上而下的管理体制转变为教师有机会在教育改革方面行使集体自治、专业判断和领导力的体制来进行教育改革。如果从正式治理的等级观念出发，就能够架构并实施这样的体系：教师是重要的领导者，与其他学校和体系领导人合作，促进教育改进（Campbell et al.，2015a）。我们认同以下观点："教育改革的动力可以而且应该是一个系统里的成千上万的教师和学校领导者。"（Hargreaves & Shirley，2012：xiv）教师领导者、学校领导者和系统领导者尊重和支持新型合作专业精神，将学生学习、家庭参与和社区发展与教育卓越和公平相结合。教师应以其专业活力处于行动的"居中领导"，处于教育改进的中心位置，而不是外部强制改革中的一个配方。这样的教育政策风格和实质的转变，需要理解和重视教师专业实践的本质，使他们能够发挥作为教育改进领导者的潜力。

教师发展与教师领导实践

在过去的几十年里，许多提案和方案都试图为教师改进实践创造途径。发展员工转变为发展专业，进而转变为发展专业学习。据此，独立于其他思维方式的不同发展途径诞生了。首先，我们有许多对立的观点，包括：

◆ 合规——能力建设
◆ 官僚主义倾向——专业定位倾向
◆ 直接教学——从实践中成长
◆ 个人主义——协同合作
◆ 征召——自愿
◆ 高风险责任——建立对教师和制度的信任

每种观点都源自不同的哲学立场，其中包括知识是需要从外部传授，还是由内部人首先创造，并时不时与外部人或其他组织立场合作。知识以及如何获得知识，是20世纪八九十年代许多改变教师做法的实施方案的重点。富兰（Fullan，2001）将2001年之前的三十年按照从教改中的获知对每一年教育变化的了解进行了划分。1972—1982 年为被动实施的十年。教师被视为被动的接受者，缺少专业自主权，很少有人正视或了解改革的动力。1982—1992 年为有意义的十年，这意味着理解改革过程的重要性成为优先事项，所有相关人员包括教师和其他人员都变得重要。1992 年开始为改革储备的十年，他和其他人开始关注协作、个性化发展、人为合作、文化变化以及提高实践能力的建设。哈格里夫斯和富兰（Hargreaves & Fullan，1998）撰写了《值得为之奋斗之事》（*What's Worth Fighting for Out There*），记录了教师如何成为学校文化和教学改革的中心。

　　舍恩（Schon，1983）早些时候曾谈到人们发展"使用中的理论"，这意味着大多数人是在"工作中"学习的，这就对人们如何学习的旧观念提出了质疑。他认为经验和工作本身是人们学习的基本方式。温格（Wenger，1998）随后补充道，学习比个人更具社会性，社区对一个社会共同学习至关重要。温格（Wenger，1998）提出了"学习即社会参与"的观点，认为参与"实践社区"不仅塑造了我们的行为，也塑造了我们是谁以及我们如何解释我们的行为。他对社区的关注开创了一种全新的思考教师学习的方式，即思考教师学习以及组织社区学习中心的必要性。还有一些人开始将学校视为社区，研究如何看待它、如何组织它，以一种新的方式看待领导（Sergiovanni，1999）。麦克劳林和塔尔伯特（Mclaughlin & Talbert，1993）也谈到了教师在"专业社区"中的重要性，以及由他们这类人领导的重要性。这些想法加上"实践社区"和更集中、更社会性学习的重要性，为教师作为领导者的至关重要性奠定了基础。只有教师才说得清实践中的方方面面，才能对"经验和知识作为社区财产的一部分"的重要性作出回应（Lave & Wenger，1991：650）。

　　兰伯特（Lampert，2001）对教师工作进行了最有说服力的描述，她描述了教学的各种复杂性。她的描述起到了另一个重要作用，即推动理解教学的复杂性，并支撑教师自身可以成为其进步的重要领导者这一观点。兰伯特书中第一页有一段话，揭示了无论哪个年级的教师在教学中都会面临的问题：

　　　　他们的学生，有的不想学习教师想教的内容，有的已经知道了这些内容，或者以为自己知道，有的还没有准备好学习所教的内容，他们必须弄清楚如何教每位学生，但班上每个学生都不一样。无数的权威告诉他们应该要教什么，他们必须得教。但他们只有有限的时间来教授需要教授的内容，还经常被学生打断。这太司空见惯了。教师负责传道解惑，学生为什么难以享受这个过程？（Lampert，2001：1）

教师在决定专业学习内容和优先事项方面的话语权变得很重要（Ingvarson，2014）。

国家专业教学标准委员会（NBPTS）强调应将专业学习融入实践，其标准分为五项主张：

1. 教师致力于学生及其学习；

2. 教师了解教授科目以及如何教授这些科目；

3. 教师负责管理和监督学生学习；

4. 教师对自身实践有系统思考，从经验中学习；

5. 教师是学习社区的一员。（Fullan，2001：255-257）

到 2000 年，诸如"工作嵌入式学习""基于实践的理论"和"解决当地问题"等理念进入了职业发展对话（Fullan，2001：259）。对于教师来说，实用专业学习是个性化的，符合个人学习需求，与教学和课堂实践相关，有助于衡量学生成绩（Campbell，2015b；CUREE，2012；Darling-Hammond et al.，2009；Timperley，2008）。问责制的奖惩，最有力的激励来自组织内人员之间的面对面交流，而不是来自外部系统（Elmore，2000）。

大多数专业发展经验在教学中没有起到什么作用，部分原因在于对学校文化的忽视，在于专业发展对教学复杂的不敏感性。过去十里，网络概念使用深入人心，并再次告诉我们，教师对社交网络的需求，对职业初始阶段支持的需求，以及他们在成为经验丰富的教师后对减少孤立感的需求，都是至关重要的。关于教师参与社区的组织需求（Lieberman & Miller，2008；Baker-Doyle，2011）的文章很多，均认为它是继续学习的必要条件。网络不同于官僚结构，它可以灵活，可以尝试创意，如果不起作用可以扔掉，它同时支持教师相互学习、改进实践，甚至可以在过程中学习领导技能（Lieberman & Wood，2003）。

此外，学校里的人需要明白，随着改革的进行，需要由教师尊重的人来负责处理、讲解和管理。兰伯特（Lambert，2003）发明了"建构主义领导力"一词，她认为领导力不是一个角色，而是社区成员需要采取的一系列行动，包括建立关系、创建社区、专注于学习，并将其与中心目的联系起来。其最终目标是建立一个适合教育顺利改革的良好环境。校长协调帮助，但他们同时也需要帮助，因为教师可以同时处理复杂的生活中的课堂。担任领导角色的教师似乎是改进教学的关键部分。

教师领导力概念的形成

教师领导力已经开始在专业文献中占有一席之地。例如，富兰（Fullan，1995）的文章内容开始涉及多层次的教师领导力，以及如何让学校社区的所有成员都参与学校改革。他总结了教师领导力的六个领域：

◆ 教学与学习知识；

◆ 共事知识；

◆ 背景知识；

◆ 继续学习的机会；

◆ 管理改革过程；

◆ 师德感。

随着时间的推移，教师领导力的概念日趋复杂。相关研究说明了教师领导力的定义、理论、组织角色、教师领导力新概念以及不同领导力和发展方向的对立（Talbert，2010）。

利伯曼和伍德（Lieberman & Wood，2003）研究的全国写作项目（NWP）是长期专业发展网络的典型案例，这似乎是一个非常成功的国家级网络。他们研究了美国两个网站，发现 NWP 已经开始创建暑期特邀学院（中心组织单位）学习的社会环境。教师在暑期三到五周的时间里学习教学的写作。研究人员发现，暑期学院期间，社会实践形成了教师领导力和学习教师专业学习文化条件的基础。这些社会实践包括：

◆ 将每位同事视为有价值潜力的贡献者；

◆ 尊重教师知识；

◆ 创建教师分享、对话和评论的公共论坛；

◆ 把学习的所有权交给学习者；

◆ 将人类学习置于实践和人际关系中；

◆ 提供多个进入社区的入口；

◆ 通过学习反思引导教学反思；

◆ 共享领导力；

◆ 提倡批判性调查；

◆ 鼓励重新培养职业认同感并将其与专业社区联系起来。

　　几年后，利伯曼和弗里德里希（Lieberman & Friedrich，2007）研究了那些利用这种写作项目方式为学校提供专业发展从而成为 NWP 中领导角色的教师。他们都参加了暑期项目，将组织社会实践的必要性自身化。无论在哪个时期，教师都是 NWP 工作方式的促进者、经纪人、筹款者、企业家、政策制定者、提案作者、组织者和载体。我们发现，31 位教师领导者样本添加到了最初的社会实践列表中，包括：

◆ 加强教师队伍建设；

◆ 促进教师合作；

◆ 提倡教师开发课程；

◆ 创建专业社区；

◆ 学会公开分享想法和解决问题；

◆ 庆贺他人的贡献；

◆ 创建分享学习论坛。

　　教师在学校中发挥领导力作用的基础工作变得更加广为人知。此前，斯米莉和丹尼（Smylie & Denny，1990）曾就学校组织的官僚性质与教师领导力成长和发展所需的合作策略之间的紧张关系发表过书面报告。这种紧张关系加深了学校文化改革的难度，研究人员开始研究教师领导力是如何处理这种关系的。

　　承担领导力角色需要教师鼓起勇气、加倍努力，所以他们需要学校的大力支持和保障。学校和学区领导在鼓励和发展教师领导方面发挥着重要作用（Leithwood et al.，2009）。通过发展开放、信任和合作的文化，校长可以创造让教师感到安全并愿意承担新角色和责任的环境（Louis et al.，2009）。承担领导力会给教师带来额外的负担。因此，通过获得额外资源（如物质和财政资源以及充足的时间）来支持教师领导力是非常有益的（Camburn et al.，2003；Hammersley-Fletcher & Brundrett，2005；Wallace，2002）。此外，奖励和表彰等激励措施也很有益处。因此，通过向教师提供适当的专业发展机会和其他资源，帮助他们成为成功的领导者，学校和学区领导人可以发展非正式的教师领导（Firestone & Martinez，2009；Leithwood et al.，2009）。

尽管人们对教师领导力的实践和可能性越来越感兴趣，但对教师领导力在概念和实践中所涉及的内容，人们仍有很多不解之处。正如哈里斯在《教师领导文献综述》（*Literature review of teacher leadership*）中提出的，这个概念已经成为一个"保护性短语"（Harris，2005：204-205），对于不同背景和不同时代的许多人来说意义都有所不同。例如，关于教师领导力的文献侧重于正式角色和项目，如教师的领导者角色（York-Barr & Duke，2004）以及教师专业、知识、学习和实践方面的非正式领导者角色（Harris & Jones，2015）。关于教师领导的文献和研究已成为教师领导者的著作（Lieberman & Friedrich，2010）。这种"内部写作"记录了一段时间内学习领导力的过程。通过研究 NWP 中的教师顾问，很明显教师领导者在课堂实践中重要性是其领导学习的基础。利用这些知识，他们可以为同事建立建设性学习环境。鉴于教学意义的真实性，他们可以做到这一点，这有助于其领导力的合法性。而作为领导的核心部分，他们也学会了如何充分利用在暑期学院中所学到的写作项目社会实践。

我们所了解的教师领导力是教师领导者在应对日常工作挑战时的成长方式。他们首先通过课堂实践与同班教师一起获得信任，实践社区的建设参与又加深了他们的领导知识和能力。

经验教训

这些关于教育改革、国际政策转移、治理、专业发展和学习、专业社区、实施和教师领导建设的研究，为我们理解建立在数十年研究基础上的 TLLP 提供了基础。虽然教育改革过程充满陷阱、备受批评，但令人乐观的是，我们正处于重新关注协作专业化的关键时刻，教师作为自己和同事们专业学习的代理人，以新的形式与政府、工会、学校和学区领导人、学生及其家庭和社区一起制定和执行政策。

通过对相关文献的回顾和讨论，我们总结了以下几点经验教训：第一，发展"归其所有，由其而发，为其所用"的教师学习与领导力，需要改变决策的实质和方式。第二，教师和教学对提高卓越的教育质量和公平至关重要，但在此过程中教师需要在行动中发挥能动性，而不仅仅是作为外部改革的被动执行者。第三，这不仅仅是政策和执行方式的内容，也是制定和执行政策的新方式，它需要新的协作专业精神，使整个教育系统的教育工作者和领导者都参与进来。第四，如果把重点放在教师实践上，那么教师本身在分享、发展和增进教师工作的理解方面就具有重要意义。第五，这就要求开发出一个从外部专业发展转变为发展与教师工作需求、经验及其课堂环境和学生优先事项相关的学校内部和跨学校的专业学习机会。第六，教师领导力包含正式领导力和非正式领导力，非正式领导力即专业学习、知识和实践中的领导力，其中的领导能力是通过实践来学习的！

我们从文献中吸取了上述经验教训，并且更有力地从自身经验中学习和支持 TLLP，将其作为教师专业学习、领导力与合作的政策和实践典范。接下来谈谈 TLLP 中的经验教训。

经验教训：教师学习与领导力的政策与实践

1. 发展"归其所有，由其而发，为其所用"的教师学习与领导力，需要政策实质和方式的改革。

2. 教师和教学对提高教育质量和公平至关重要，教师需要在行动中发挥积极作用，而不是被动地接受外部改革。

3. 制定和执行政策的新方式需要新的协作专业精神，使整个教育系统的教育工作者和领导者都参与进来。

4. 教师自身对教师工作和实践的分享、发展以及不断的理解是重要的。

5. 发展教师的知识、技能和实践涉及从外部专业发展转变为发展与教师工作需要、经验及其课堂环境和学生优先事项相关的学校内部和跨学校的专业学习机会。

6. 教师领导力包含正式领导力和非正式领导力，非正式领导力即专业学习、知识和实践中的领导，其中领导能力通过实践获得。

2. 从混乱走向协作：促进教师学习与领导力的体制

本章通过政府、教师工会、教育领导者和教师之间的协作，追溯 TLLP 的政策起源和发展。

不断变化的政治环境

我们很少看到一个政治体系在学校和教师的关系中从屈从诋毁转变为最终的信任、伙伴关系和合作关系。但 2003 年前后加拿大安大略省做到了，因为新当选的政府、省教育部和 OTF 之间的关系发生了变化。最终，省教育部和 OTF 成为组织专业发展新方式的合作伙伴。

原本的专业发展利用外部专家改变教师，但事实证明这是非常有问题的，因为它忽略了"内部人"的教师知识的关键重要性（Hargreaves，2010；Lieberman & Friedrich，2010），新想法往往无法因地制宜。TLLP 提供了一个强有力的至关重要的替代方案。我们从 TLLP 中学到了政策与实施是能够达成一致的，认可谁发起、谁领导、谁学习、谁分享这样一种观念的转变，强调伙伴关系和教师导向的改革。

教育背景资料

安大略省面积超过100万平方千米，人口超过1350万人，是加拿大人口最多的省份（占加拿大总人口的38.5%）。学龄学生人数众多且多样化：27%的学生出生在加拿大境外；20%的学生是少数民族；4.5%的学生说法语（Pervin & Campbell，2015）。200多万名学生（占学龄儿童的95%）在公共拨款的教育系统学习。公共拨款学校系统由省政府通过省教育部监督和拨款。安大略省有近5000所学校；2012—2013年，有3978所小学和913所中学。学校由4个公共拨款的教育系统管理，其中包括英语公立、英语天主教、法语公立和法语天主教，包括72个学区和11个较小的学校行政当局。目前（2012—2013年），约有115492名全日制教师（73031名小学教师和42460名中学教师），7326名行政人员（校长和副校长；5220名来自小学，2105名来自中学）[1]，以及4390名幼儿教育工作者（Ontario Ministry of Education，2014；Campbell et al.，forthcoming）。

初　期

2003年，加拿大安大略省的学校系统备受挫折，情况惨淡。八年来，保守党政府制定的政策遭到教师及其工会的一致反对。省政府和教师工会及其成员之间存在争执。2001年，紧张局势加剧。就在那时，政府通过立法为教师开设了系列课程，其中14门将在五年内开设。如果不按标准上课，教师将失去教学证书。这种教师发展与评估方法对教师学习与发展来说是不合时宜的。这些想法并不受教师的欢迎，因为它们千篇一律，与课堂具体情况也不相关。针对这些形式化政策，教师退出了所有的专业学习活动，专业发展戛然而止。显然，除非政府彻底改变，否则什么都不会改变（Amato & Devlin，2009）。

1　此处数据英文原版如此。——译者注

新政府："教师是专业人士！"

2003 年，安大略省自由党以压倒性胜利击败保守党。新政府立即表示，他们希望在全省范围内，尤其是在教师方面创造劳工和平与稳定。几乎一夜之间，政治言论发生了 180 度的转变，从专业上的不信任和诋毁，转变为承认教师具有专业能力、尊重教师。省教育部宣布，他们将作为主要合作伙伴，为该省 200 万名学生改善教育成果铺平道路。政府不仅谈到尊重教师，而且采取行动优先考虑教育改进。

渐渐地，安大略省确定了教育改进行动理论的五个关键要素（Campbell，2015a：79–81）：

1. 重点：确定改进的关键优先事项

十年来，三个目标为安大略省的教育改进提供了核心要点：提高学生成绩；缩小成绩差距；增加公众对公共资助教育的信心。2014 年，对目标进行了修订和更新，提出了第四个重点，即提高福祉。这些目标为整个教育系统的行动提供了贯穿全程的焦点。

2. 三级改革：全系统协调一致

过去的十年里采取了大量的政策、战略、倡议和行动，而且所有行动都旨在与上述核心目标保持一致，并在省、学区、学校和班级层面协调关系。为了支持系统行动及其一致性，他们强调发展省政府、所有省级利益相关者、教师和广大公众间的专业伙伴关系、信任和尊重，此乃其核心特征。

3. 支持和正面挤压：注重成果的能力建设

安大略省战略的关键要素是"注重成果的能力建设"，包括发展教育工作者的知识、技能和实践，特别注重教学改进，以支持学生学习和提高学生成绩。如果学生成绩较低，例如某些特定的学生群体和 / 或学校，则提供额外的关注、资源和支持，以确定和改进教育实践。安大略省的方法强调通过促进集体承诺和协作行动，提高每个相关人员的能力。

4. 共享领导力：尊重专业知识和实践

安大略省教育改革方针强调发展整个教育系统的专业能力和领导能力，现有的专业知识受到重视和尊重。将专业知识、分享成功或可能成功的实践与当地和国际领先实践的数据与研究结合起来，为安大略省的战略和行动提供依据。

5.专业责任制：没有怨恨或排名的结果

人们认为教育工作者是负责自我提升和同事进步的专业人士。政府没有要求"失败"的学校解雇员工或者接管学校。相反，在学生成绩不佳的情况下，省教育部认为需要培养教育者的"意志和技能"，以改进课程和教学实践，加上辅助条件，使学生能够在学校内外学习、提高成绩、苗壮成长。

这一理论的原则、政策和实践的核心是支持教师和教学。

地震般的转变：尊重和信任教师

在一系列明确行动中，新政府表达了对教师专业精神的尊重。他们宣布取消备受诟病（和其他相比）的教师考试，并前所未有地将相等的资金重新分配给教师工会和四个附属教师工会——安大略省法语教师联合会（AEFO）、安大略省小学教师联合会（ETFO）、安大略省英语天主教教师联合会（OECTA）和安大略省中学教师联合会（OSSTF），让他们领导具体的专业发展活动。与教师组织合作这一不可思议的转变对教育系统的影响至关重要。十多年来，政府与安大略省各教师工会之间的关系一直在变化，唯一不变的是省教育部与教师工会之间为 TLLP 建立了伙伴关系。

教师发展工作平台：合作

2005 年 4 月，教师发展工作平台建立，目的是在省教育部、教师工会、专业协会和其他相关省级合作伙伴之间建立合作关系，设计和制定教师专业发展的新政策。从本质上讲，省教育部与教师合作，也就是决策小组与实践小组合作，这是前所未有的举措：为新教师创建入职培训计划（NTIP）后续工作台；基于专业成长和支持的省级教师绩效考核体系（Teacher Performance Appraisal System）；确保教师工会参与学校教育局委员会的机制，将注意力转向为经验丰富的教师制定专业发展项目（Campbell et al., forthcoming）。根据"专业资本"的概念（Hargreaves & Fullan，2012），工作平台不仅关注招募和发展教育工作者的"人力资本"，也为"决策资本"创造机会，使有经验的教师能够发展和分享他们的专业实践和判断。

创建协作专业发展项目

在回顾和讨论了有关专业学习和发展计划的文献之后，专家组发现，"最有效的专业学习活动是针对教师复杂和独特需求的个性化活动，是涉及协作和分享的活动"（Ontario Ministry of Education，2007）。工作平台总结，在认识到教师的各种需要、经验、兴趣、背景和职业阶段以及学生、班级和实践多样性的情况下，专业学习不应一刀切。

经过大量的讨论和查阅相关研究文献，工作平台确定了有效专业学习的五个关键点：

1. 关联性

教师专业学习归根结底是关于学生学习和发展的最佳实践，基于省教育部 / 教育局 / 学校和家长 / 社区 / 课堂的关联性。关联性也建立在尊重、负责和结果这三点上，承认教师专业化和教师学习的复杂性。

2. 关注成人学习风格

教师具有丰富的技能、知识、教育、教学和培训背景。因此，在规划专业学习时，应通过以下方式解决成人学习原则：

◆ 考虑不同的选择。研究支持选择和自我指导在个性化学习中的重要性。

◆ 提供有意义、相关和实质性的方案。

◆ 在内容和交付模式上差异化。

◆ 在协作学习文化中考虑"最佳匹配"。"一刀切"的方法在很多情况下可能会有问题。有效的学习必须承认并加入参与者的理解和观点，形成反思和改革的文化。

◆ 为成功完成专业学习提供适当认可。

3. 目标导向型

专业学习是以目标为导向的，并且目标明确：

◆ 与促进学生学习、提高学生成绩相关；

◆ 直接或间接与日常实践（嵌入工作）相关；

◆ 处于不同的环境中并尊重不同的环境（即与省教育部、教育局、学校 / 社区、课堂相关）。

4. 可持续性发展

对课堂上产生影响的专业学习必须是：

◆ 渐进式计划和进展（即是一个过程）；

◆ 获取适当资源支持成功；

◆ 让学习者参与并留出练习时间（嵌入工作）；

◆ 过程中有通过反思进行自我评估的时间（构建 / 解构 / 重新构建对实践的思考）；

◆ 在可能的情况下，为支持学生学习的其他员工提供专业学习方面的配套设施。

5. 提供证据

必需的专业学习应建立在当前研究以及正式和非正式数据的基础上（Ontario Ministry of Education，2007：4-5）。

工作平台的审议工作中产生了另外两个考虑因素。首先，基于没有一刀切专业学习模式的结论，教师也没有单一的途径或职业轨迹。因此，有必要根据教师的个人需要，提供各种不同的专业学习机会。其次，那些专业需求在当时可能得不到支持的教师是"优秀的、经验丰富的教师，他们的职业选择是课堂……但他们在课程、教学实践或支持其他教师等领域寻求同行的领导角色"（Ontario Ministry of Education，2007：5）。工作平台强调，必须使有经验的教师在课堂中成长为领导者，并为他们提供与同事分享专业知识的机会。人们一直在讨论什么是可行的，目标应该是什么样的。与新政策同样重要的是，通过合作伙伴关系，发展新的合作方式制定政策和执行方式。正如一位政府官员所说："值得一提的是，这不仅仅是政策的改变，也是政策制定方式的改变。"（Campbell et al., forthcoming）

2007 年，由省教育部和合作伙伴 OTF 共同创建和领导的教师学习与领导力项目（TLLP）

开始了。一年年过去，在各种 TLLP 会议上，合作伙伴关系不断发展，支持了有经验的教师学习与领导力项目的合作。

TLLP 结构建立

各方专业核心价值观艰难达成一致后，教师发展工作平台为 TLLP 建立了符合其核心观点的结构。他们希望建立支持共同前景的结构：为有经验的教师提供有意义的专业学习；鼓励教师领导；与校内外其他人分享他们的创新，期望为教师学习与领导力创造适当的条件。

撰写专业发展建议

多次会议后，OTF 与省教育部公布了 TLLP。教师申请资金，以进行与省级目标有关的专业发展，并在此过程中得到支持。教师也可以与其他人或团队一起申请。申请由当地学区委员会和教师工会代表审查。每个地区每年都会选出两个提案。由省一级、教师联合会和省教育部代表组成教师专业学习委员会选出最终申请成功的提案。批准项目初始资金为1000~1 万加元。随着项目的发展，项目资金越来越多，教师创造了与其他学区联系的专业发展理念。目前，每个项目的预算少的不到 2000 加元，多的超过 10 万加元，一般的 TLLP项目可能就是 1.4 万加元的预算。

为 TLLP 项目提供支持

工作平台意识到教师需要项目管理技能方面的帮助。他们需要管理预算、制定时间表、收集数据、报告重大发现。因此，"课堂教师培训项目管理"最初是为了帮助教师了解如何进行为期一年的项目。初始研讨会协议由此诞生，申请成功者将在其 TLLP 项目学年之前的 5 月参加这一研讨会。培训课程也称"课堂教师的领导技能"课程。研讨会将申请成功者聚集在一起，包括项目成员或他们推荐的其他教师。各方支持者也在其中，部分人的发言激励和拓展了教师对领导力的认知。省教育部和 OTF 都向 TLLP 参与者解释了支持和参与的性质。此外，还有各种讲习班供教师选择，以支持他们的工作。例如，2015 年课堂教师领导技能会议的议程包括：TLLP 基础、问题和支持；教师领导力和 TLLP 研究；项目管理和开发技能；TLLP 在线网站；前 TLLP 参与者分享经验教训；准备 TLLP 最终报告，包括研究内容和取得成果的方法。来到 TLLP 社区的教师们觉得自己置身于大自然的某个重大而重要的领域，他们即将开始一场新的重要冒险。

　　TLLP 项目进行过程中，预计在一个学年内，TLLP 参与者将与在线 TLLP 社区合作，继续分享和传播他们的学习成果。在线网站逐渐得到发展和改进。目前，每个 TLLP 项目都需要在"在线辅导时刻 NING"上发布至少两个工件。TLLP 成员通过兴趣小组、论坛、博客和推特与同事进行交流。

　　最初的课堂教师领导技能研讨会 18 个月后，也就是 TLLP 项目一学年后，召开另一个名为"分享学习峰会"的会议，让教师们展示这一年中取得的成就，并与同事分享。这也有助于教师直观感受其完成工作的非同寻常。这也许是第一次，教师组织专业发展，学习如何领导团队或同事，并将他们的学习和成就传播给学校以外的其他人。许多教师报告说，他们正在学习如何向他人分享新知识，在这一过程中，他们正在成为能够利用自己新的专业知识发挥领导力作用的教师（Campbell et al.，2014）。

　　应用程序、研讨会、两次会议和一个在线网站是已知的 TLLP 相关结构，所有这些都得到了省教育部和 OTF 的支持。双方的合作不断深化和巩固。信任教师，培养教师拥有、教师享有的学习与领导力已经无处不在。

TLLP 的基本核心原则

　　从表面上看，TLLP 似乎在世界任何地方都可以进行。在描述教师从"内部"组织专业发展，而不是从"外部"接受新思想的背后，实际上是将改进的责任倒置了（Lieberman et al.，2015a）。它支持教师和其他非教学领导者的领导持有不同的观点。这意味着必须从一开始就理解改革过程，因为在传统的官僚结构下教师和管理者关于学习和领导的意见有所不同。

　　第一个原则是，管理机构和学区（无论采取何种形式）必须相信，可以在教师身上找到最好的学生教育经验。世界上大多数地方都承认教师最清楚需要学习什么，他们是改进实践和提高学生学习成绩的关键。这是教育的"真理"。但真正承诺和承认这一点的地方极少。即使不是全部地区，绝大部分地区的专业发展是在校外组织的，然后"交付"给校内的教师，没有因地制宜。世界各地的教师大多认为，以这种方式提供的大部分专业发展对他们的实践几乎毫无作用（Lieberman & Friedrich，2010）。

第二个原则是，校长不是学校唯一的教学领导者。那些常说"我只是一个教师"的教师必须开始接受他们作为共同领导者和学习者的角色。鼓励新思想、新发展、合作学生的新方式的"专家"来自何处，无论是教师还是校长都必须改变他们的固有成见。我们看到 TLLP 教师与其他教师分享成功策略，从而成为专业知识和教师学习的源泉。校长成为教师学习和教师专业知识的促进者。领导力成为共同责任，正如开发新学习理念所需的"专业知识"和承担风险、开发新想法和创建新学习策略所需的支持一样（Lambert et al.，1995）。校长和教师都需要进行基本结构改革。在此过程中，由一名专家承担领导力角色的想法不复存在了，取而代之的是包括了多名教师的专业知识，因为他们加深了对广泛教学理念特殊发展努力的理解。

教师的学习让学生能从他们的专业发展项目中受益。校长学习如何促进教师跨学科专业知识增长和扩展方法。两者都在扩大专业知识库。

TLLP 中的教师领导力不是传统的领导力，他们"分享他们的专业知识"，通过相互学习增加知识和技能库，最终创造一个庞大的专家库，而不是只有少数专家。因此，当 TLLP 认为领导者是优秀教师时，他们选择留在课堂上，愿意（并且能够）分享特定的专业知识，从而提高学生在课堂之外的教育体验。

校长和其他管理者必须重塑他们的角色。当教师开始认为自己具有专业知识时，校长可以开始了解教师如何组织支持扩大专业知识（包括他们的专业知识）。TLLP 要求重新设想传统的教育层次结构及其相应的角色。

第三个原则是团队合作的重要性和力量。TLLP 是组织伙伴关系，而不是单独表演，教师在改进技能时相互支持；校长和主管重新定义他们作为支持者角色的那一部分。它是支持学生表现力的领导，所有教育者把专业知识都呈现出来。

这三大原则是 TLLP 的基础，是政策制定者与实践者之间的合作，为教师成长和学习的途径开辟了道路，同时校长和其他管理者要学习组织学习和领导支持结构的不同方法。

重要的伙伴关系及成果

TLLP 不断发展和深化，成为教师（及其联合会）和省教育部之间严肃、深入和重要的伙伴关系。TLLP 建立了非等级结构模型。TLLP 是一个专业团体，不管角色如何，相关人员都学会了开发和分享人力和物力资源，都致力于改善学生的学习经验，因为他们都在学习与最新获得的"专业知识"合作。

经验教训

本章中提出的以下重要想法对试图为教师创建成功专业发展项目的人有所帮助。首先，当政策制定者制定教师发展计划，并与有组织的教师专业合作时，很可能产生重要的学知（双方面的）。政策制定者和教育者之间的伙伴关系不是外部设计或强制实施的"专业发展项目"，而是一种与教师的专业需求和背景相关的协作专业学习方法。其次，要做到这一点，政策制定者和教师联合会需要就双方都关心的专业发展关键特征达成一致（如关注成人学习需求、可持续性或经验型学习）。第三，要取得成效，专业发展项目需要能推动和深化工作的具体结构，例如，必要的项目提案模板、设计合适的会议和研讨会以支持教师领导，以及制定最终成果报告。第四，专业发展项目应设计并提供适当的线上平台，教师可以在这里建立社区并分享他们的学习。第五，在政策制定者和教师的支持下，学区和学校领导也必须相信支持教师是提高学生学习和福祉的关键。第六，教师必须接受他们可以在发展"专业知识"的领域发挥领导力作用这一观念。这与担任特定的教师领导角色不同，也不同于有一个特殊的教师领导角色。最后一点，TLLP 不是闭门工作的个人专家，教师需要相信团队，甚至与团队（或另一个人）一起工作，而不该单打独斗，这样才能最终改变学校文化。

经验教训：促进教师学习与领导力的系统

> 1. 政策制定者制定教师发展计划并与有组织的教师专业合作时，很可能产生重要的学知（双方面的）。
>
> 2. 政策制定者和教师联合会需要就双方都关心的专业发展关键要素达成一致。

3. 专业发展项目需要能推动和深化工作的具体结构。

4. 专业发展项目应设计并提供适当的线上平台，教师可以在这里建立社区并分享他们的学习。

5. 学区和学校领导也必须相信支持教师是提高学生学习和福祉的关键。

6. 教师必须接受他们可以在发展"专业知识"的领域发挥领导作用这一观念。

7. 教师需要相信团队，甚至与团队（或另一个人）一起工作，而不该单打独斗，这样才能最终改变学校文化。

3. TLLP 中的教师学习

"专业参与、专业振兴" "真正的转变" "有史以来最好的 PD" "专业学习和学校社区不可思议的礼物" 是我们在与 TLLP 参与者交谈或分析他们项目最终报告时听到的评论。那么是什么让 TLLP 如此成功？它与其他教师专业发展项目有何不同？

根据阿马托等人（Amato et al., 2014）的研究，以及 OTF 和省教育部 TLLP 领导者，TLLP 与传统的专业发展项目有很大不同。他们提出，传统的方法包括"由外向内改革""自上而下规划""以系统为中心""学习目标由他人决定"和"个人知识消费"；而 TLLP 涉及"由内而外的转变""合作参与规划""以学生为中心""教师确定自己的学习目标"和"协作团队的知识构建"（Amato et al., 2014：48）。在本章中，我们将探讨 TLLP 实现的专业学习原则和实践。

专业发展与学习的原则与实践

TLLP 包含了许多目前教师专业学习中公认最有效的原则和实践，包括教师话语权、持续的工作嵌入学习、协作学习和必要的支持。

教师话语权

实践的最佳做法涉及确保课程提供与每位教师、学生和学校社区的特殊需求、背景和优先事项相关的"正确"内容。除了教师，还有谁最清楚自己和学生需要什么？英格瓦森建议，"专业发展应让教师参与确定他们需要学习的内容和他们将参与的学习经历的发展"（Ingvarson，2014：389）。允许教师成为自己专业发展的领导者，不仅使专业发展的内容更具相关性，还通过提高教师主人翁意识激励和吸引教师（Timperley et al.，2007；Youngs & Lane，2014）。

TLLP就是提高教师专业学习的话语权。TLLP《项目指南》规定：

> TLLP通过资助教师创新和自主选择学习活动，促进教师学有所获，这些活动可以单独进行，也可以是实践社区的一部分。在省教育部/委员会/学校的目标背景下提出这些建议，以提高学生的学习成绩。（Ontario Ministry of Education，n. d.：3）

TLLP参与者认为，TLLP专业发展方法的教师主导和自我导向性质是独特和重要的，正如一位教师受访者所述：

> 事实上，这个项目本身似乎是为了赋予教师权力……而不是让其他研究或其他顾问或其他什么人来指手画脚，这个项目让我和团队有能力推动我们正在做的事情；我们有自主权。这意义非凡，在这个时代……在21世纪，专业发展需要由那些想学习，或希望学习的人来定制和驱动，他们不该坐在一个房间里，被指派，被指导。所以，我认为这个项目能够定制我们的领导力，定制我们的学习过程。

持续的工作嵌入学习

目前的研究表明，教师专业发展应"工作嵌入，持续进行，并与教师在日常课堂教学中面临的挑战直接相关"（Griffith et al.，2014：190）。事实上，零星的讲座或研讨会似乎不太可能改变实践（Desimone & Stuckey，2014），"与课堂实践脱节的专业发展基本没用"（Dagen & Bean，2014：45）。

大多数TLLP项目都植根于日常课堂实践知识和技能，并为参与者提供必要的时间和资源，让他们可以反思和改进自己这一年的实践。TLLP参与者十分需要这段额外时间来关注感兴趣的领域，与其他教师合作，学习和尝试新事物。一位 TLLP 教师领导者陈述道：

> TLLP 让我们锁定一年里的工作重点。能够把精力集中在我们认为对学生来说最紧迫的事情上，然后有时间做我们需要做的工作，以满足这些需要，这确实令人耳目一新。

协作学习

大量研究文献表明，教师专业发展项目需要为参与者提供合作机会，并有潜力发展实践社区（Desimone & Stuckey，2014）。最近的研究结果表明，"教师领导者……从与其他教师的对话和问题解决中学到很多东西"（Gordon et al.，2014：51），合作和实践社区可以成为改变教师实践和提高学生学习的中介因素，也可以帮助参与者接受新的感悟及其对课堂的影响（Avalos，2011）。然而，现有文献认为，以合作文化为核心的创造并不普遍，"尽管有大量关于合作文化优点的证据，但也没有不合作文化缺点的证据，而北美公立学校的教师通常是独立工作"（DuFour，2004：16）。

TLLP 鼓励团队项目（大多数项目的确都是团队项目）以促进教师合作，并在整个项目过程中，培训课程和分享峰会期间支持合作学习和理念分享。TLLP 参与者高度重视项目提供的真正的教师合作机会：

> TLLP 另一个成功之处在于它为教师提供了合作和分享心得的机会。在繁忙的学校环境中，教师们聚在一起讨论最佳实践的时间通常是有限的，因此每月的反馈会议为每位教师提供有价值的信息，甚至会验证他们的课程是否有效。

必要的支持

弗罗斯特评论道，"只要有适当的支持结构和策略，教师就可以领导创新，建立专业知识，发展领导能力，影响学校的同事和实践"（Frost，2012：223）。教师有效的专业学习机会应包括旨在支持教师整个过程中的一个组成部分。TLLP 不仅为教师提供资金，而且允许他们专注于已确立的项目；同时还在整个过程中提供支持。首先，让教师准备好管理项目，带领团队，进行研究，并在课堂教师培训的领导技能中分享知识；然后，在项目过程中，进行在线和面对面的个人直接指导和支持；最后，在 TLLP 尾声的学习峰会上分享成功的经验。培训课程和分享峰会的高满意度（95% 以上），TLLP 教师给省教育部和 OTF 无数好评，以及最重要的 TLLP 项目的成功，都是支持工作的有力证明。

TLLP 体现了上述最有效专业发展项目的所有要素，这也是成功的因素之一（Campbell et al.，2015）。我们在前一章中强调的省级 TLLP 领导者的热情和承诺，以及我们将在下一章中描述的该项目对教师领导力发展和知识分享（除专业学习外）的关注，也都是促成因素。

对于我们来说，TLLP 不仅仅是一个有效功能的汇编；这个项目有自己的特点和丰富的故事，我们相信值得一提。本章重点关注 TLLP 的专业学习方面，并为其他司法管辖区寻求类似方法提供经验教训和启示。下一章将描述教师为其专业学习设定的项目和目标，讨论他们为达到这些目标而选择参与的活动，并提供证据证明该项目对教师和学生的学习具有巨大的价值。本章最后总结了 10 个 TLLP 项目，以阐明 TLLP 专业学习焦点和活动的性质及多样性。

TLLP 项目

总的来说，TLLP 每年资助约 100 个项目。每年有 300 多名教师直接参与这些项目（还有更多教育工作者、学生和社区成员间接参与），超过 100 万美元的项目资金分配。TLLP 的理念是"不一刀切"的专业发展方法或教师专业学习和职业发展，TLLP 项目的规模、重点和活动也各不相同。TLLP 项目规模大，直接参与项目人数多（1~60 人），项目预算高（2000~10 万加元不等）。一般的 TLLP 项目预算为 14000 加元，核心团队由 2~4 人组成。从教师拍摄幼儿园学生照片并记录提问，到四人教师小组通过互动项目和实地考察建立学生和被边缘化的当地社区人士之间更紧密的联系，再到学校合作开发，共同形成评估工具、确定最佳教学策略、提高学生的阅读能力，TLLP 支持各种规模和范围的项目。

教师专业学习

本节将讨论与 TLLP 项目相关的专业发展目标、活动、效益和可持续性。

专业发展目标

TLLP 的关键目标是支持有经验的教师进行自我导向型高级专业发展，改进他们的实践并帮助学生学习。这意味着，只要符合安大略省政府的目标和优先事项，即提高学生成绩、缩小学生成绩差距 / 确保公平、增强公众对公共教育和增强福祉的信心，教师可以学习、发明或实验他们感兴趣的任何特定主题或优先事项（Ontario Ministry of Education，2014）。

根据我们的研究，大多数项目的前三个目标是发展和提高知识、策略和技能。这些目标主要侧重于改进教学，例如学习新方法和制订实施策略，或制订全新计划，或改进特定的教学、评估或技术技能。几乎一半项目的目标是在学校内部和 / 或跨校的小组开展专业合作。合作目标包括专业人员共同制订特定的有效教学策略或小学升中学的策略。一些项目还计划开发如何利用课堂、专业培训课程或家长的资源。其他项目旨在提高工作人员、学生和当地社区对心理健康或原住民教育等问题的认识。还有一些人希望通过与原住民社区建立联系、让家长参与或发展学校社区项目来建立社区关系。

TLLP 项目关注多种主题，例如启动数学、识字、艺术或其他学科领域的新教学实践；关注特定的学生群体，例如那些被确定有特殊教育需求或在学校挣扎的学生；帮助学生进入高中或大学；关注学生性格发展和福祉；让家长和社区参与；发展包容的学校文化等。一位受访者认为，TLLP 是真正的专业学习推动者：

> 我认为 TLLP 中有很多东西可以帮助那些平时不能很好贯彻优秀想法的教师，他们在时间和技术上都得到了支持，而这些技术通常是他们无法获得的。TLLP 确实让他们有了学习经历，如果没有它，教师可能会更难拥有这些成就。

虽然 TLLP 项目是由教师发起和领导的，但通常也与学校、学区和省教育部的优先事项相一致。因此，随着更大教育系统的优先事项逐渐变化，对优先需求的预期和鼓励也在不断变化。例如，技术成为更普遍的主题，现在关注技术的项目是 2007 年 TLLP 启动时的两倍。

意识到 TLLP 申请者和成员对技术的兴趣与日俱增，TLLP 省级委员会决定为获批项目成功所需的技术硬件和软件提供资金，前提是主要目的必须是教育而非技术，而且购买技术的成本必须低于总预算的 50%。TLLP 的这一演变再次证明了 OTF 的省级 TLLP 领导人以及省教育部通过适应新现实和新需求来支持教师驱动的专业学习的承诺。

TLLP 参与者以不同的方式和目的使用技术。有人试图研究最佳 iPad 教育应用程序，并将其整合到课堂中来提高学生的学习动力和参与度；有人则希望为特殊需求学生提升学习体验，引入 SMART Boards™ 和其他辅助技术；还有人将技术用作评估和反馈工具，改进教学和学生学习。以下是此类 TLLP 项目示例：

> 某高中的五名教师决定使用 iPad 和 Apple TV 提高学生对数学和科学的投入。由于参加了 TLLP，他们每个人都收到了一台 iPad，每个教室都安装了 Apple TV。此外，还购买了一组 iPad 和充电平推车。首先，TLLP 团队花时间熟悉 iPad、应用程序和 Apple TV。然后他们进行协作学习，观察彼此的课程，分享学习成果，共同解决问题。根据团队开展的学生前后调查，他们的学生对学习的态度和参与程度有所提高。项目结束时，教师们意识到这项技术不仅帮助了教学，而且通过创造一个以探究为基础和以学生为中心的环境，重新优化了他们的课堂。

由于 TLLP 项目专注于优先需求，并为专业学习和实践提供教师专业知识，它们为安大略省（及更远地区）提供了潜在的和丰富的前沿创新资源，供学习和借鉴。

专业学习活动

TLLP 认为教师是自己专业学习和发展的领导者。这些信念反映在 TLLP 成员所从事的专业学习活动类型中。

研究表明，大多数 TLLP 参与者选择将专业学习掌握在自己的手中，参与协作学习、计划和教学，批判性地看待自己的教学和学生的学习，评审他人的研究成果，同时也进行自己的研究。

教师协作学习

到目前为止，TLLP 参与者发起和开展的最常见的专业学习活动是教师协作学习。超过 70% 的 TLLP 项目，通过分析学生数据、反思实践、创建资源、讨论策略和共同教学，在 TLLP 成员和其他成员中创建专业学习社区，共同学习。例如，一个 15 人的小学教学测量 TLLP 项目团队开展了一系列活动发展学习社区：

> 我们为不同级别的教师创建了专业学习社区（professional learning community，PLC）：全员参与——重要思想、三段式课程、学生数据、优势、教学测量需求；部门——确定学生学习困惑的领域……基于省教育部对每个年级的期望进行统一测量；教师数学任务规划团队——与其他部门教师合作，为整个学校设计丰富的任务……；教师数学伙计——教师有机会观察不同年级的学生，并与他们一起工作。我们还为学生创建了 PLC。我们将初中班与小学班配对，学生有机会与同龄人一起体验和调查各种各样的活动。他们有机会相互合作，可以是作为学生专家，表达自己的想法；也可以是作为经验不足的学习者，以各种方式观察和向他们的朋友学习。

创建真正的协作学习环境需要时间、精力和技能。当 TLLP 教师领导者尝试让团队成员参与公开专业对话遇到困难时，OTF 和省教育部 TLLP 省级团队迅速反应，在为未来参与 TLLP 的教师举办的课堂教师领导技能初步培训班期间，又提供了解决冲突和成人学习的工作坊。高级培训和支持并没有让 TLLP 教师领导的专业协作构建过程变得轻松，但它帮助项目领导者更好地应对挑战。TLLP 参与者认为，尽管困难重重，协作学习和专业对话有助于他们更好地理解自己的教学实践，从而改进教学实践。事实上，各种研究已经确定，具有合作文化和结构的学校与其优质的教学有关联（Hattie，2009）。

TLLP 参与者亲自（如实地考察、会议）或在线（通过博客、网络广播、维基空间）参与专业网络时，合作也扩展到学校以外。值得指出的是，技术在支持已有实践社区和扩大教育工作者专业网络方面有着重要意义（Whitaker et al.，2015）。在线协作和网络是有效的学习工具。例如，某一个项目中，在线学习平台用于上传反思日志：

> 我们的在线协作环境……为每个团队成员提供了反思日志，分享课堂上

的成功经验和 iPad 使用时的挑战。当教师相互回应以支持同事的进一步学习和 / 或分享专业知识时，反思日志会增加新维度。

虽然专业发展项目的领导者会采用更为传统和自上而下的交付方式来决定什么是重要的，并提供该领域的建议和资源，但 TLLP 鼓励成员批判性地审视自己的课堂实践，并尝试进行自己的专业调查和 / 或参与现有的研究。超过一半的 TLLP 项目涉及文献和研究，提高他们的知识和对优先主题的理解。此外，近一半的项目报告参与行动研究或使用研究方法收集数据并采取行动。例如，调查确定原住民教育知识的兴趣和差距，然后解决这一差距；使用前后调查衡量学生和教师的学习情况，分析学生数据以调整教学策略，以及测试新策略。强调行动研究的方法可以帮助教师引导自己的专业学习并确定自己学习的重点，从而开启教学实践真正的改革（Hunzicker，2012）。也有与传统专业发展形势有关的活动，如参加讲习班和会议、报名参加课程和与外部专家合作，但数量很少。同样，TLLP 领导者负责决定参加哪些研讨会或会议以及与哪些专家合作。

教师学习收益

我们在研究中收集和分析的证据（Campbell et al.，2013；Campbell et al.，2014，2015），证实了 TLLP 对教师及其实践有着深刻的积极影响。例如，对 TLLP 第一批至第七批 TLLP 项目负责人的调查中，243 名调查对象（47% 的回复率）称，由于他们开发和参与了与 TLLP 相关的专业学习活动，他们的知识、技能和 / 或实践都有所提高（Campbell et al.，2015）。此外，约 3/4 的受访者表示，他们的知识和理解以及教学实践都有所改善。这告诉我们，教师不仅获得了新的知识，而且还成功地将这些知识融入教学中。例如，某二级小组研究性学习项目的最终报告指出：

该项目的教师团队学会了共同努力、反思当前教学实践、研究新策略，并将研究付诸实践。教学是逐渐变化的专业。作为教师，我们能够互相支持，因为我们在不断重新评估自己的教学策略，并对我们的实践进行微小的改变，以提高学生的学习。

TLLP 教师领导者报告了与教学有关的其他领域的改进，如评估技能、技术技能、促进和陈述技能、研究技能、课堂管理技能以及管理和领导技能。许多TLLP成员也提到了教育工作者、学生和社区成员之间的沟通和/或协作的改善。例如，某数学素养的跨小组项目中，最终报告描述了教师之间深厚专业关系的发展：

> 我们的TLLP项目极大地提高了我们学校家庭中高级数学教师之间的合作水平。通过定期在团队教学环境中相互配合，我们提升了跨小组的专业轻松程度，这很难得。我们互相指导，在信任和共同目标的基础上发展更深层的专业关系，改善教学实践。在课程中相互学习了很多，在课程外我们也会继续相互学习和支持。

另一个项目建立了更有意义的师生关系：

> 我加深了与原住民学生的联系，通过参与原住民价值观和文化的合作分享和学习，在学生与学习者的直接互动中，教师的作用更加明显。因为在充满生活文化和价值观的意义创造框架内应用了协作和交流技术，我能够更好地进行教学实践，体现通用的学习设计原则。

此外，TLLP成员更愿意教授和尝试新事物，并对他们的新实践更有信心。正如TLLP教师领导者陈述的：

> 实践的运用越来越得心应手，现在已经融入课堂的日常运作中……我们团队更愿意使用康复性实践，我们展望未来，确定可以改进实践使用的领域。
>
> 今年的教训更多的是关于我是谁和我现在能完成什么。我对我们在工作中取得的成就感到无比自豪，我知道我所学到的技能将在未来几年内转化为教学实践以及与同事们的合作。

由于参与了TLLP相关学习，TLLP成员报告说，他们在多方面都有了专业成长。某技术整合项目领导者描述的TLLP相关专业学习，可能是最佳成果：

我们在项目中获得了三倍的专业学习，我们所扮演的角色分别为促进者、教师和学习者。下面是我们在拼图中每一块的描述。

促进者：了解有效研讨会总体创建情况，发展我们的促进技能。组成部分包括从头到尾建立一个专业发展会议（即预算、设施、应用、演示、汇报），并结合有效的演讲技巧（即时间管理、观众参与、房间定位）。

教师：我们真正学会了如何将 iPad 作为教学工具和学生资源融入日常学习中。此外，我们知道如何在课堂社区管理 iPad，如何捆绑 iPad，同步 Apple 账户。我们还学会了承担风险，让孩子们成为技术专家，很多是间接发现学习而来的。

学习者：我们知道联系专家（Apple 顾问、教育局成员、教育局董事）的好处，知道如何优先考虑每周最大限度地使用所学策略，而不仅仅是将它们束之高阁。

学生学习收益

虽然 TLLP 主要关注教师的学习和领导能力，但专业知识、技能和实践方面的预期改进对学生也有好处：要么是大多数项目中的全体学生，要么是被确定为 TLLP 项目负责人的特定学生群体（即有特殊需要的学生、原住民学生）。人们认识到 TLLP 是影响学生学习和发展的诸多因素之一，虽然目前建立直接联系尚有困难。然而，在我们的调查中，几乎所有的受访者都说，他们的 TLLP 项目以某种积极的方式影响了学生。例如，一位教师评论 TLLP 项目在支持学生转变方面的作用：

因为他们（学生）领导自己的导读小组，学会了负责，进行负责任的谈话，并深入挖掘课文。我们觉得他们更投入、更自信了。虽然阅读成绩不同，但我们认为我们的 TLLP 是他们提高理解能力（通过我们的测量）和 EQAO（教育质量和问责办公室）[安大略省阅读、写作和数学成绩标准省级测试]的成功原因之一。

衡量 TLLP 项目活动与学生学习成果之间的关系是复杂的。虽然许多项目涉及课堂教学、评估其他策略的变化以供学生学习，但并非所有项目都直接关注考试成绩这类的成绩测量。对那些试图通过改变做法和提高省级评估标准分数提出直接因果关系主张的教师，省教育部 TLLP 省级合作伙伴和 OTF 的态度一直十分谨慎。在"课堂教师领导力技能"培训期间，他们还为制定适当的监控策略提供初步建议和支持。意料之外，情理之中，80% 的受访者表示他们使用正式的数据收集方法来监测学生学习和发展的变化。这些正式方法有学生评估、学生调查、正式观察、正式访谈、课程注册人数、停课数据以及家长和教师调查。TLLP 参与者也依赖非正式证据，如观察、对话以及与学生、教师和家长的互动。总体而言，大多数 TLLP 项目确实报告了学生学习和相关学习结果的改善。73% 的 TLLP 项目负责人表示，最受关注的学生结果是提高了学生的参与度、改变了学生的学习态度。以下是某项目成功推出小学数学集市的例子：

> 9 月以来，我的学生对数学问题和数学态度有了很大的改变。这个班原本一提到数学就叹气，现在早上第一个问题就是："我们什么时候做数学？""我们今天能做数学题吗？"

大多数 TLLP 教师领导者对我们的项目影响调查作出回应，表示学习经验增加、学习成绩提高、学生动机增强（Campbell et al.，2015）。某学习困难学生使用 SMART Board™ 技术的项目总结如下：

> 该项目对学生及其学习产生了极大的影响。在学习和评估中，那些在集中注意力、编写测试答案和与同龄人互动方面有困难的学生呈正面结果。

此外，在一些 TLLP 项目报告中，学生作为学习者和领导者的发展也得到改进：

> 学生以"依赖性学习者"的身份开始这一年，他们想要答案，但又不愿意或不能独立寻找答案。到了年底，学生们能提出问题，独立寻找答案，批判性地分析他们与同学找到的答案，并随时分享学习成果。

如果项目侧重于技能或行为发展的特定领域，例如技术技能、创新技能、学习技能或性格发展，则确定了对学习的相关改进。

正如一位TLLP项目负责人所说，学生的态度、学习、技能和领导能力的变化是个好兆头，表明教师做的事情是正确的，有助于"验证他们的努力"。TLLP项目以教师为主导，以教师学习为中心，以学生学习为中心，为学生的学习成绩带来切实的好处，这一点至关重要（Timperley，2008）。

维持教师学习和创新的常态化

参与TLLP项目可以为教师和学生带来显著的效益。但是，TLLP项目结束，没有更多的资金怎么办？尽管不是参与TLLP项目的必要条件，但在TLLP项目实施后，项目过程中的学习和创新实践仍有希望或至少有希望继续下去。而这种期望是有依据的。98%的前TLLP项目负责人在回答调查时表示，他们在项目过程中发起的活动以某种形式持续下来。为了继续开展该项目的活动，一些TLLP领导人设法获得学区或学校的资助和/或支持，获得了补助金，或成功地申请了另一个TLLP项目或其他部门或工会的资助活动。虽然资金和支持对维持项目的活动很重要，但教师对这件事的热情以及他们对教学的热爱使TLLP项目产生的思想和实践活跃起来并蓬勃发展。

初期之后，TLLP项目的首要任务是进一步实施通过最初TLLP项目开发的学习策略或工具。82%的调查对象表示，TLLP资助期间开发的实践和工具在个人、学校和/或学区层面上得到实施和维持。例如，某TLLP项目负责人描述了TLLP经验对其团队成员教学实践的影响：

> 我们的TLLP经验影响了每位教师参与者的实践。TLLP小组成员在学校担任新职务，有正式的领导角色，也有非正式的领导角色。还有教师在参加TLLP项目后从事教育研究。我相信所有参与这个项目的教师都会因参与而改变他们的教学实践。

持续实践/工具实施的另一个例子是学区范围内成功采用学习管理系统（LMS）平台：

我们将 Moodle LMS 引入当地，到目前为止，每所中学都有成千上万的学生和数百名教师使用它。这是强大的用户基础。我们还在学校内部和整个学区举办了许多 Moodle 研讨会，学生希望能在混合学习环境中学习。还可以监控孩子这个学期的进步，家长也很高兴。

TLLP 发起的实践被纳入课堂常规或新的学校传统。还有一些 TLLP 项目进行了改进，以更好地适应新学校、学生群体或技术进步。还有的 TLLP 项目在团队成员离开后维持下来并利用剩余资源和资料影响了新的教育工作者。3/4 的 TLLP 教师领导者在同一领域继续学习，在更深层次上探索同一主题，探讨不同学科领域、与另一组学习者合作，或在同一领域寻找新想法。

据报告，70% 的项目在项目期间的协作得以维持。TLLP 鼓励教师"在协作学习社区中更开放地分享专业知识"，帮助改善和维持 TLLP 成员和学校的合作和沟通，建立新联系，并通过展示合作学习的价值和提供条件，使他们养成参与合作学习和专业对话的习惯。

综上所述，TLLP 对教学和学习的影响具有改革性、持久性和深远性。一位负责了三个 TLLP 项目的领导者解释说：

我们的每个项目都取得了预期外的积极成果，每个项目都对我们的学习、分享以及专业实践带来了持久的影响。我们期待未来的 TLLP 项目。

经验教训

教师主导的专业学习、协作和改进实践（Little，1995；Lambert，1998）作为学校改进的核心（Harris & Muijs，2004），其力量和潜力一直受到关注。此外，随着人们对教师领导力越来越感兴趣，作为全系统改革和全球教育改革运动的一部分，教育改革的范围和规模有所扩大（Fullan，2009，2010），开始考虑教师的专业学习如何促进更大的系统改进，从而帮助所有学生取得成功。教师和教学问题的号角响起（Mourshed et al.，2010；OECD，2010），教师是外部改革的主体还是集体，专业领导的改革推动者成为关键问题（Evers &

Kneyber，2015；Hargreaves & Fullan，2012；Hargreaves & Shirley，2009）。TLLP 证据表明，系统领导者（政府、工会、学区和学校领导人）和教师领导者共同努力，使教师主导的专业学习和协作成为可能，同时也是可取的。这有助于（共同）发展新的专业知识和分享不局限于教室的创新改进实践经验。

廷珀利等人认为，教师专业发展项目需要将教师视为"自我调节的专业人员"，"如果给他们足够的时间和资源，他们就能够通过集体专业知识构建学习经验，并为学生带来更实际的成果"（Timperley et al.，2007：xxv）。安大略省的 TLLP 正是如此。项目及推动者真正相信，教师是能够为学生提供最佳教育体验的专家。因此，TLLP 承认教师是自己专业发展的领导者，允许他们设定自己的目标，并根据自己的想法进行实验（当然，只要这些想法对学生有益）。TLLP 鼓励并提供机会让教师批判性地审视自己的实践、研究和 / 或制订最适当和有效的解决方案，并与同事、学生和社区合作学习。TLLP 全程提供支持，为参与者提供必要的时间和资源，使其专注自身项目；准备系列研讨会；利用主讲人的演讲和以往参与者的成功故事激励他们；提供持续的一对一指导和咨询；面对面和在线分享帮助，庆祝项目的成功。

参与 TLLP，教师获得新知识和技能，将其应用于课堂或学校实践，成为更好、更自信的教育者；通过养成反思实践、参与开放式专业对话和协作学习的习惯，成为更好的学习者。学生也从中受益，变得更加投入、有更好的学习经历、获得更高的分数。一天结束时，受到新学习启发并进一步受到赋权激励的教师会以更高的热情和承诺作出回应（Sergiovanni，1999）。因此，对于许多 TLLP 参与者来说，项目期间开始的学习、反思、实验和协作并没有随着项目的结束而停止，而是继续并以新的形式出现，使 TLLP 的影响更加显著和持久。

本章强调了有效教师专业学习背后的三个主要条件。第一，只要能让学生受益，教师应该有机会在自己选择的领域学习和创新，前提是这能使学生受益。第二，应鼓励教师进行批判性质疑、专业对话和协作学习。第三，教师的专业学习应获得必要的时间、资源、培训和必要的专业知识。

TLLP 项目示例

TLLP 项目摘要

省教育部根据最初 TLLP 项目提案申请中提供的信息以及 TLLP 团队在项目完成后提交的最终报告，编制所有 TLLP 项目的摘要。摘要用途多样。首先，摘要将上传至 http://mentoringmoments.ning.com/group/tllp-palpe/page/tllp-project-archive 网站，对 TLLP 感兴趣的公众和教师可查看通过项目获得资助和完成的项目类型。其次，摘要以明信片形式打印出来。参加分享学习峰会的 TLLP 团队与其他团队交换明信片，分享学习，建立联系。

我们选了 10 个项目摘要，代表不同主题、项目规模、项目目标、学习和分享方法以及挑战，希望能让读者更好地了解 TLLP 项目的多样性和性质。

项目 1：测量教学与学习

项目年份： 2008—2009 年

团队成员人数： 15 人

项目主题： 学生评估，数学素养

项目描述： 作为学习社区的学校工作人员，调查学生对测量的理解以及教师如何提高学生对测量的理解。学生结成学习伙伴，体验和探索各种测量活动。

项目目标： ①调查和加深对学生的测量和测量关系思维的理解；②开发以测量为重点，含丰富教学问题的资源；③创建有效电子教学资源。

经验教训： 我们了解到，教师合作后可以更好地理解学生对测量的理解。创建教学问题时，教师的协作思维产生了更具凝聚力的测量教学。

待解决问题： ①既然我们创建了教师和学生的学习社区并对这个项目充满热情，到底该如何进行呢？②是继续关注测量链，还是关注数学链？

项目 2：与父母搭档——志愿者素养项目

项目年份： 2009—2010 年

团队成员人数： 1 人

项目主题： 素养，学生成功，当地社区参与

项目描述：家庭支持是儿童和学校教育成功的关键部分。志愿者支持素养学习项目培训，支持和指导那些需要更多素养的学生家长志愿者。项目提升了家长的能力，反过来也增加了学生的能力。我们鼓励家长与学校社区保持联系，向其他家庭和社区成员传播读写能力学习的重要信息。

项目目标：①学习如何在学校社区内支持和吸引家长志愿者；②为志愿人员编写深入和连贯的培训课程和材料；③创建和开发供志愿者在项目中使用的操作工具和材料资源包；④研究和实施学校家庭素养活动中的"家长联络"。

经验教训：①家长是实现学校社区素养教育目标的关键；②提高家长参与度和家长的学校社区能力，有助于提高学生的学习成绩和自身能力。

待解决问题：①我们如何帮助父母参与其中，提高父母能力？②如何衡量志愿者信心、承诺和个人能力的提升？

项目 3：男孩读写能力成绩结合互动白板技术

项目年份：2010—2011 年

团队成员人数：4 人

项目主题：读写能力，媒体素养，技术

项目描述：该项目是研究结果，也是我们自身课堂经验的结果，女孩在阅读和写作评估方面的表现通常比男孩好。为帮助男孩阅读，提高他们的阅读和写作技能，团队调查了交互式白板技术（特别是 SMART™ Boards）对男孩读写能力的影响。团队致力于培养 SMART™ Boards 使用能力，将技术融入读写能力项目。

项目目标：①提高效率，增加教师互动白板技术（IWB）的实践率；②将 IWB 技术的使用纳入语言方案，吸引男孩参与其中，提高总体成绩；③与同事分享知识。

经验教训：①课堂上定期使用 SMART™ Boards，改善了所有学生的学习环境。②总体而言，与 SMART™ Boards 上展示的材料互动时，学生很投入，也很感兴趣。一名六年级学生称："我们使用黑板而不是 SMART™ Boards 时，学习就没那么有趣了。SMART™ Boards 让我更专心学习。"③更多男孩说，SMART™ Boards 展示时，他们能更好地理解阅读和写作课程中学到的知识。④成为 SMART™ Boards 的技术高手可以改变教学实践。

待解决问题：①教育工作者如何才能继续弥合信息技术领域（教师和学生之间）的年龄差距？②还有哪些其他形式的技术对于 21 世纪学习者来说是必不可少的？

项目 4：职业总览和教育档案的使用

项目年份： 2010—2011 年

团队成员人数： 1 人

项目主题： 学生成功 / 学年过渡，技术

项目描述： 为补充学校教育局年度电子教育计划，项目规定 7 年级和 8 年级的学生进行职业规划并完成活动。学生们完成了以下活动内容：①自我评估测试，了解自身长处、学习风格和可能适合的职业清单；②研究不同的职业和可能的桥梁课程；③创建并添加电子教育 / 职业档案。如果可能的话，在中学期间继续使用。

项目目标： ①参加职业规划活动，让小学生自我检查，进行职业研究，创建自己的档案；②全体学生参加所有活动，所有档案有最基本的创建和保留；③向学生、家长、教师和行政人员传达创建和保留档案的重要性，在小学阶段开始职业研究，在中学继续进行；④鼓励学生在项目活动结束后继续使用和分享他们的档案。

经验教训： ①技术是学生完成任务的诱因；②小学教师（特别是与我一起工作的 7 年级和 8 年级教师）如何影响学生中学期间的学习成绩和学习动力；③小学的职业研究和档案发展非常重要，对学生的学习动机、目标设定和学习成绩产生积极影响；④项目受到学生的热烈欢迎。技术使用和相关性是部分原因。

待解决问题： 这里的主要问题是，我想把活动和项目扩展到中学；但是，我在如何以及何时（由谁）开展活动方面遇到了困难。此外，谁来监督学生交作业和完成的情况？小学的课堂教师可以管理和监督课程，中学也能吗？

项目 5：你知道我是谁吗？我关注你的需求

项目年份： 2011—2012 年

团队成员人数： 4 人

项目主题： 学生成功，特殊需要的学生，社会公正

项目描述： 项目关注心理疾病 / 健康教育，减少心理疾病羞耻感，制定改善心理健康的战略。策略包括员工教育、课堂教师培训、课程开发和同事领导培训。

项目目标： ①确定心理疾病的症状和特征；②培养全体工作人员的同理心，培养学生对有心理健康问题的学生的宽容和接纳；③使用"学生之声"，调查工作人员和学生是否有心理疾病羞耻感。

经验教训：①SafeTALK：自杀警铃；②ASIST：应用自杀干预技能培训；③加拿大心理健康协会高中课程；④心理健康博览会：各社区参与（渥太华皇家医院、青年服务局、CHEO 等）；⑤迈克尔·贝恩：教育顾问，客户包括省教育部、渥太华卡尔顿校区委员会、渥太华教育网络和渥太华研究与创新中心。

待解决问题：①如何将团队与 HRE10 共同创建的心理健康课程纳入我们的教育局？②如何继续向整个学校社区提供关于压力、自杀、焦虑和资源信息？③如何利用社区现有心理健康资源强化项目方案或建立社区合作？

项目 6：利用艺术解决社会公正、公平和包容性教育问题

项目年份：2011—2012 年

团队成员人数：4 人

项目主题：艺术，素养，差异性教育，社会正义

项目描述：教师将艺术（戏剧、舞蹈、视觉艺术、音乐和创意写作）融入多个学科领域，探讨社会公正、公平和包容性教育问题。用艺术来进行差异性教学和任务分配。用文学资料介绍社会经济地位/阶级、性别、种族和身份等话题。学生通过艺术分享情感反应，用艺术分享学习，创造艺术向更广泛的社区发展。通过这些实践，学生能够更好地识别不平等，实现改革，发展主观能动性，也解决自身问题。

项目目标：①参与课程学习过程；②开发以艺术为基础的课程/活动/主题，解决社会公正、公平和包容性教育问题；③长期目标：开发教师资源。

经验教训：项目专业学习方面非常出色。我们阅读了各种专业文章，完成包括学术文章、书籍和当前网站在内的广泛研究。一名团队成员参加了创建身份安全教室的培训课程。通过研讨会和部门分享，我们提高了演讲技巧，能根据参与者的经验水平调整我们的演讲。因为每个写作活动都拥有自主权，学生的参与度很高，最终任务根据学生的需要和兴趣进行划分。我们了解到，学生之间的对话有助于学习评估，缩短整合的评估比其他峰值评估提供了更多的学习经验。作为教师，我们学会了放慢脚步，让学生指挥计划方向。偏离线性计划，探索学生兴趣，这是有必要的。但牢记最终目标同样重要，这样人们才不会忽视学习目标。另一学习重点是艺术，根据具体需要划分课程内容，消除特殊教育学生和英语学习者的障碍。我们还发现，4C 协作模式效果最好，它为创造性解决问题和分享想法提供了多种机会。

待解决问题：①如何获得资金邀请更多嘉宾艺术家和演讲者？②我们如何处理时间限制问题？③哪些策略可以解决根深蒂固的传统教学理念？④如何继续向其他师生传递我们的热情？

项目7：家庭学校合作，提高过渡教学课堂上的问题解决模式的可见度

项目年份：2012—2013 年

团队成员人数：8 人

项目主题：技术，专业学习社区，数学素养

项目描述：为解决学校家庭中学生的不同学习需求和偏好，消除学生学习障碍，我们在过渡期数学课堂中使用了 iPad。学生用 iPad 收集和处理数据，解决探究问题，制订问题解决方案，向其他人展示解决方案。除了解决学生面临的学习和交流挑战外，iPad 还提供差异化产品，注重过渡期数学课堂上的口语教学。通过连接虚拟教室，学生能够分享他们的解决方案，制订成功标准，相互提供反馈。同样，教师也利用这项技术实现专业发展互相学习和帮助。学生 iPad 和虚拟教室的无线连接帮助我们向家长、监护人和其他同事展示学生的学习情况，使学生的学习情况更可视化。

项目目标：①学习用 iPad 创建核心任务，使学生参与其中，促进思辨技能的发展；②发展执行任务有关的教学问题专门知识；③利用 iPad 建模、开发、分析和呈现丰富的技术嵌入核心任务；④利用 iPad 最大限度地减少有特殊学习习惯的学生所遭遇的学习障碍；⑤创建学校家庭在线协作环境，分享和反思过渡期数学课堂中使用的任务。

经验教训：首先，我们要学习如何使用 Apple Configurator 软件，以配合 iPad 的课堂使用。这对于我们小组的中学教师来说，挑战不小。他们必须很快学会，因为学习团队中的教师只能在一天中的不同时段使用这套 iPad。我们还学习了使用 iPad 帮助数学课堂上教授、完成和反思多项不同的任务。虽然确实找到了支持学生探究技能发展的应用程序，但我们同时发现，并非所有数学应用程序都符合我们的教学方向。当然，也确实有一些教育应用程序与我们的教学方向一致，支持实施开放型和并行任务。我们着重修改和加强当前任务，开放它们，促进对话，并在教学和产品上实现更大的差异化。iPad 使录制学生的作业和教师的备课更容易了，这有助于记录学生元认知过程的发展，帮助教师洞察学生思维，并相应改变教学实践。

待解决问题：①我们发现，使用 iPad 技术呈现和探索开放型任务，提高了学生在数学

课堂上的参与度。技术背景下的任务呈现与学生的偏好相对应。然而，并不是所有成员都能使用成套的 iPad，据此，他们无法用同样的方式借助 iPad 帮助学生学习。我们团队仍在研究，iPad 使用数量有限时，学生的积极参与和调查水平是否会受到影响，受到了什么影响。因此，我们还需要考虑如何使用个人电子设备来帮助学生学习。②分享过程中，我们的确遇到了不愿在数学课堂上使用 iPad 技术的同事。我们在课堂分享会上向他们展示了这项技术的使用方式和取得的积极成果。我们希望未来能说服这些同事，让他们在课堂上使用技术，有机会邀请其他人分享我们的学习成果，完成这个 TLLP 项目。

项目 8：利用 Apple iPad 和 iPod Touch 帮助自闭症学生学习

项目年份：2012—2013 年

团队成员人数：3 人

项目主题：差异化教学，特殊需要学生，技术

项目描述：自闭症学生往往是视觉学习者，难以口头交流思想 / 想法，我们的项目旨在使用 iPod Touch 和 iPad 为自闭症学生提供技术，满足他们的学习需求，帮助他们展示知识和技能。选择使用 iPod Touch 和 iPad 技术有两个主要原因：首先，iPad 和 iPod Touch 都是全球性的个人发展挑战应用程序，也取得了好的成果。其次，设备速度快、功能多、用户友好、便于携带。有许多针对特殊需求用户的应用程序，用量每天都在增加。

项目目标：①研究和学习使用 iPod Touch 和 iPad，帮助自闭症学生学习；②利用最新的触屏技术提高自闭症学生的专业知识水平；③为同事提供知识交流的机会，促进专业学习。

经验教训：专业学习方面，项目让我们能够真正审视学生特点，了解 iPad 提升学习效果的最佳使用方法。对自闭症共同特征了解越深，学生的个性表现得越显著，帮助他们学习的兴趣也就越高涨。整个项目中，我们对 IEP[1] 的理解也在进一步加深。IEP（为学生选择的应用程序的主要推动力）成为一个能每天使用的丰富动态文档，而不是一周或一个月才用一次。项目促成了大量师生互动，有助于 IEP 的创建和维护。

待解决问题：学习实践的主要问题来自课堂教师如何将应用程序下载到 iPad 上。有成员指出，他们不懂技术，但希望能够更好地了解技术。他们似乎不懂技术的抽象性，也不知道如何找到应用程序并下载，不知道抽象的东西是如何组合在一起的，又是怎么下载下

---

1 IEP 全称为 individual education planning，即个人教育计划。——译者注

来的。技术问题多于教学问题。

项目9：听一听，讲一讲——早期法语强化班的口语与语音意识

项目年份：2013—2014 年

项目主题：法语沉浸班，读写能力

项目描述：小学法语沉浸班的学生人数大幅增加，学生需求和教师需求亦激增。我们希望在强化班早期，就口语和语音意识的重要性达成共识。

项目目标：①达成法语沉浸班口语和语音意识重要性的共识；②研究有效的干预策略和工具，帮助困难学生学习法语；③实施评估工具、课堂策略和干预重点小组支持。

经验教训：①我们用技术结合新方式，编写了许多法语歌曲。用 Audacity 进行录制，用 Survey Monkey 进行项目初期教师调查。在 ADSB 项目技术负责人的指导下，创建 SharePoint 网站，供教师访问并定期更新。②法语语音意识资源的研究、购买和测试资料的过程中，人们对加拿大目前法语强化班资源有了更多认识。③与学校各组教师一起工作，理解灵活性和适应性的重要程度，认识我们自身 30 名团队成员的不同观点、个性和教学经验。我们成功强调了这一点，大家一起庆祝，每个人都有发言权。

待解决问题：通过这一项目，我们对每个年级不同班级（11 个 ELKP[1]，7 个 1 年级，6 个 2 年级和 5 个 3 年级）沟通的复杂性和重要性有了新的认识。只有持续进行团队规划、PLC 和协作调查，才能实现团队所有班级间教学实践和资源的一致性。还必须促进团队之间的沟通并将其嵌入专业学习模型中。团队成员现在是读写能力成功领导者，但他们都将于 2014 年 9 月重返课堂。我们的学生人数持续增长，同事人数也在增长。下一个挑战将是保持沟通水平，利用该项目找到新的方法纳入新增同事。

项目10：中学课堂使用 iPad 和 SAMR[2]，融入原住民学生和类似男童

项目年份：2013—2014 年

团队成员人数：10 人

项目主题：差异化教学，技术，学生评估

1　ELKP 全称为 the Full-Day Early Learning-Kindergarten Program，即全日制早教幼儿园项目。——译者注

2　SAMR 全称为 stand for substitution，augmentation，modification，and redefinition，即替换、提升、修改、再定义模式，让教师更好地帮助学生实现个体化学习目标，将较复杂的概念图像化。——译者注

项目描述：很多教师都想方设法让那些很早就退学的学生回来，iPad for Success 团队使用平板电脑技术和应用程序重新定义了教学、协作和评估实践。从"翻转"课堂到应用普安特杜拉博士的 SAMR 模型，我们探索了 21 世纪新的教育模式和当前研究，挑战自己的信念体系，从彼此身上和高风险学生身上学到，技术确实对他们的教育经历产生了积极的影响。

项目目标：因为项目负责人改变了学校，TLLP 团队扩大到 10 人，横跨两所学校，因此我们不得不改变今年的学习目标，提交给 TLLP 团队的修订目标如下：①到 2013 年 9 月，教师团队利用 SAMR 模型，共同规划第二语言、读写能力和算术发展相关的教学、学习和评估活动。重新定义、修改、替换和扩充 iPad，将其集成到课堂环境中。②到 2013 年 9 月，购买 iPad，下载支持和扩充 SAMR 模型的应用程序，将技术集成到课堂中。③到 2014 年 5 月，项目团队评估项目成果和待改进部分，并提出下一年的建议。④到 2014 年 6 月，建立教师实用策略工具包，协助其他教师参与和帮助农村和城市里的原住民学生，并有六个重要关键点。⑤到 2014 年 6 月，参与项目的教师将在以下领域改进其专业教学策略：使用 iPad 技术提供详细反馈、学习评估、增强数字公民权和安全意识，将技术融入课堂、使用 LMS 进行教学并溶入原住民的生活内容。

经验教训：项目收获了令人惊艳的专业知识。从技术上讲，我们了解了网络，学会了如何编程和管理 iPad。从专业上讲，用于评估学生成绩的 iPad 和 Google Drive、Goodnotes、Easy Assessment 等应用程序的使用能力大幅提升，特别是 D2L Grader[1] 应用程序。我们学会了如何使用技术和视频会议与学生更多合作，在学习评估和学生自我评估中提供详细反馈。最后，我们还学会了如何使用千禧一代感兴趣的教学实践来教学和吸引风险较高的"21 世纪学习者"。

待解决问题：TLLP 专业发展改变了项目所有成员的职业生涯，特别是在学生参与和评估领域。我们一直在改进学习评估方式，使用 iPad 与学生视频会议，让害羞的学生私下录制演讲，使用应用程序更有效地评估学生，学习如何使用技术提供详细的反馈。我们还学会了如何降低复印成本，并在课堂上实施 BYOD[2] 政策。iPad 让我们可以"翻转"部分课堂，更有效地使用 D2L 混合学习课堂，满足学生特殊需求，并以 SAMR 为理论框架加强探究性学习教学实践。我们希望在上述领域继续专业发展。今年的学习一波三折，我们只学

---

1 D2L Grader 全称为 Desire to Learn，即渴望学习打分程序。——译者注

2 BYOD 全称为 bring your own device，即允许携带个人的学习用具，而非校方提供的学习用具。——译者注

习了哪些有用，哪些没用。明年，我们将全面落实开学第一天所学的关于答疑式学习和丰富的评估任务，并对利用 Assessment for Learning、SAMR、BYOD 政策和使用 ipad 作为支持的学生参与提供详细的反馈意见。Lakehead 教育局今年引入了新技术，每个学校都使用了 iPad，明年我们就可以分享经验教训，提高其他教学专业人士的能力。最后，我还想学习如何将这些成功经验有效地发表在博客上，进一步发展我的教学和评估实践。

经验教训：TLLP 中的教师学习

> 1.有效的专业学习项目将教师视为自身学习的领导者。只要能使学生受益，TLLP 为教师提供所选领域学习和创新的机会。
>
> 2.鼓励教师参与批判性调研、专业对话和协作学习，有助于他们成为更优秀、更有信心的学习者和教育者，使学生受益。
>
> 3.教师的专业学习应获得必要的时间、资源、培训和专业知识。

4. TLLP 中的教师领导力

TLLP 取得成功的原因之一在于项目和项目实施政策由 OTF 同省教育部共同制定，并且与每批教师一起改进他们的项目。这种一致性很难在其他地方找到。专业发展项目的核心问题是：你学到了什么？你对领导力有什么了解？你如何与他人分享你的学习经验？即使到了 2016 年，项目的第九个年头，有十批 TLLP 团队，近 1000 个项目，这些有分量的提问也一直在使用中。这些看似简单却又深刻的问题，产生了大量数据，告诉我们教师如何学习，尤其学会如何在制定 TLLP 专业发展建议的过程中发挥领导力作用（Campbell et al.，2014，2015；Lieberman et al.，2015a，2015b）。

领导能力学习备受关注，也十分重要，因为撰写入选提案的教师现在获得了资金和支持来组织自己学校和 / 或其他学校的专业发展。这方面几乎没有先例，因为专业发展通常由各区聘请的专家提供。而人们觉得领导权显然是正式的行政指定的，由学校校长负责（Leithwood，2012）。

不断有媒体要求了解学校文化、教师如何授课以及如何改进实践，这是两个一致的主题（Lieberman & Miller，2000；Cochran–Smith & Lytle，1993；Hargreaves，1994；Wei et al.，2010）。虽然人们对教师领导力的实践和可能性越来越感兴趣，但对教师领导的概念和实践内容仍存在不同的理解。分布式领导的概念与教师领导力有着密切的联系（Harris，2003）。正式领导者有效地授权领导分配职责时，与教师主导的、在专业社区内和专业社区之间实现更民主的领导力相比（Hargreaves & Shirley，2012），在专业知识、判断力和智慧层面（Hargreaves & Fullan，2012）是有区别的。教师领导者们近来也呼吁采取"翻转系统"（Evers & Kneyber，2015）的方法，将自上而下的管理体制转变为教师有机会在教育改革方面行使集体自治、专业判断和领导力的体制。

尽管教师领导研究鼓励教师通过专业网络发展学习，为学校改进做出贡献（Hargreaves & Fullan，2012；Little，1990，2001；Rosenholtz，1989），却很少有大规模的专业发展方法让教师组织思想发展，领导、实施和分享其研究结果，获得资金和支持组织工作的开展。克劳瑟（Crowther，2015：6）认为，"教师领导和专家教师"是"同等重要但不可混淆的概念"，前者参与学校组织领导和发展，后者是课堂教学专家。然而，TLLP 采取了不同的观点：教师是教学法的专家，但他们的领导力不是正式的组织架构上的权威和责任人，而是去影响、共同发展和分享专业知识。正如一位 OTF 省级受访者所陈述的，TLLP 教师被要求超越"专家教师"，成为专业学习的"专家"领导者：

> 你的申请表在这里是因为我们知道你对学生很好；你要研究什么？打算如何推动？……如何将研究适用于其他成年人？这也是培训的目的，很多人都关注自己的孩子和班级，他们还会说"我可以教得更好！"好吧，但是我们问的是如何将研究适用于其他成年人。这是另一回事。

这符合哈里斯和琼斯对教师领导力的定义：

> 教师是自己专业学习的建设者，也负责指导他人的专业学习。这句话没错，但对于许多教师来说，"领导力"一词妨碍了他们的工作，因为它意味着正式的角色或责任。日常生活中，即使处于课堂领导地位，教师往往也不把自己看作正式意义上的"领导者"。因此，重要的是澄清"教师领导力"的概念与角色、职位无关，而是关于创新和影响他人从而提高学习的实践。
> （Harris & Jones，2015）

TLLP 这类专业发展项目从字面上开辟了新的领域，几乎没有任何先例。项目为学习领导力提供条件，但没有具体说明教师如何做到这一点。省教育部和 OTF 全年支持教师工作，并为教师提供所需的任何其他支持。正如 OTF 省领导解释的，TLLP 的目的是使教师成长和发展成为非正式领导，或许这样一种前所未有的方式：

最初你判定的可能不符合你期望的那些人最终成为[TLLP 教师领导者]精英群体的一部分。因此，如果你不向那些并非自成领导的教师开放该项目的话，那么你实际上是在破坏这个项目……如果你预先选择了教师领导者，你就错过了发展领导力的机会。该项目最激动人心的部分就是当一位教师说："我以前除了自己的学生外，在其他人群前我无法应答。我从来没见过这样的自己，现在我飞来飞去，到处给……"这就是 TLLP 项目的美好之处。

（OTF 受访者）

使教师领导者通过自身经验学习领导能力，需要灵活性和大量空间，以便让教师主导的学习实现多样化：

我经常举这样一个例子，如果你把蛹放进火柴盒里……如果蛹的大小正好是火柴盒的大小，会发生什么？破茧成蝶后会发生什么？一个没有放飞翅膀的空间。这是个好例子，我们时刻铭记在心……这些教师最开始不一定是受到认可或做好了领导的准备。他们会成长为领导者，所以如果我们过于严格地限制他们的工作……甚至限制 TLLP 的组成结构，如果所有的项目都是关于数学或者关于计算或者关于……如果你只是让人去关注幼儿园或升级过程中的一些琐事，而忽略了那些举足轻重的大是大非的问题的话，那就没啥意义了。

（OTF 受访者）

TLLP 让我们了解教师是如何组织同事在相互改进实践的领域中努力改变学校文化的。在此过程中，教师不是唯一的领导者，而是领导教育改进工作的主要领导者和参与者。通过组织同事，学习如何合作来兑现承诺，教师可以学习领导力。

获取领导力信息：小脚本

为了更好地了解教师领导力经验，我们决定请教师志愿者写一篇短文，介绍他们的 TLLP 项目经验。5~10 页的小脚本会讲述他们的项目过程和学习。为了帮助教师写故事，我们给了些提示：

◆ 你做了什么？

◆ 和谁一起？

◆ 发生了什么？

◆ 你是如何分享知识的？

◆ 你学到了什么？

◆ 你对领导力有什么了解？

在最初自愿参加的 39 名 TLLP 教师领导中，19 人最终写好了小脚本，交给了我们。本章的最后，我们选了其中的 2 篇。

关于技术和数学方面的小脚本数量最多。其中 4 篇关于 iPad 整合教学，特别是支持特殊教育需求学生的项目、幼儿教育和基于网络的技术。教师最初不是项目所选技术的专家，只是对课堂上使用技术感兴趣。对于 TLLP 教师领导者来说，重要的是他们可以找到合适的应用程序或其他技术工具进行实验，与学生一起使用，学习如何在课程中使用这些工具。毋庸置疑，学生们非常热情。教师也是如此：

我们成功地积累了针对特殊需求学生的知识，并运用技术资源实现最大化帮助。iPad 是差异化学习计划中不可或缺的一部分。

论 TLLP 中的领导力

每个小脚本里，教师都清楚地表达了他们对领导力的了解。小脚本的主题包括：学会合作、建立关系、创造远景、共同领导、学习技术、领导使用、实施项目、公开教学。教师们还讲述了实施项目过程中面临的但又基本上被解决的挑战：

> 时间限制和教育局的地理位置的局限性造成了一些麻烦。面对这样的挑战，我意识到，比起寻求自认为最好的解决方案，与同事一起集思广益寻求解决方案更加有效。

论合作

19 位小脚本作者中，8 位是团队工作，7 位是两人组工作，4 位是单独工作。这与我们的整体研究发现相一致，85% 的项目涉及成对或团队工作。从单独工作到与他人合作开发项目是参与者领导能力学习的重要组成部分。与他人有过合作的小脚本作者们都写到，获得与他人合作的能力，让每个人都参与到贡献（以及学习）中也是学习的一部分。学习如何做到这一点是项目工作的重要部分。

教师需要学习如何让他人参与其中，如何利用他人优势，如何共同构建想法，让人们保持对本年度及更多项目的兴趣、投入和坚持。但与此同时，他们需要信任，需要别人尊重他们的贡献。他们中大多数人以前从未有过这样的经历。大多数小脚本作者也写到，这种想法很新鲜，也很复杂。对于大多数人来说，学会与他人合作是他们在领导力方面学到的最重要的东西。他们需要学习这个过程来推进专业发展理念。领导 TLLP 项目需要面对许多教师领导从未想过的事情，教师需要对教学有不同的思考。这是谁的想法？你是如何分享想法的？是什么鼓励教师一起思考、制订策略、尝试新想法、让人跨出舒适圈的？

> TLLP 合作也产生了意料之外的教师和学生的学习成果。作为 TLLP 学习和合作的直接结果，我们汇集专业知识，创建了一个结合教师所有最佳学习的项目。
>
> 由于专注于共同目标，科学部门内开展合作，这有助于在部门内注入信心，这种信心在项目开始之前是不存在的。
>
> 领导与社区之间的联系令人惊讶，并且在 TLLP 中获得了极大的回报。我们周围有着无数勇于尝试新事物的人，因此更有信心向前迈进。

TLLP 使教师了解到，他们在帮助组织专业发展的过程中获得了领导经验。这些经验让他们有机会改变学校文化，改变他们和同事的教学内容和教学方法：

> 作为团队领导者，我学到了很多领导力和与其他成年人合作的知识。我了解了协作目标设定和规划的价值，懂得了确保所有团队成员都感觉自己是有价值贡献者的重要性。
>
> 参加 TLLP 项目是一次奇妙的经历，彻底改变了我们的实践以及团队的运作方式。
>
> 我们的日常对话几乎都是深刻和有意义的，是我们对学生的共同承诺。

论分享领导力

一半的小脚本作者写到，他们必须学会放手，这样才能建立一个团队。这意味着放弃他们自己的想法，加入团队想法，其他人可以也应该参与进来，帮助塑造这个想法，这让所有人都感到兴奋（并且可以接受）。许多人写到他们如何与校外的同事和其他团队联系，完成 TLLP 项目涉及的工作。以上所有情况，教师都学会了在项目开发过程中为他人提供便利。

对于部分人来说，学习领导力能够实现想要做的事情，学习如何实现它、规划它、鼓励其他人分享远景、帮助塑造远景，甚至在冲突发生时为之力争。学会与他人分享并鼓励他们帮助塑造想法，是领导力经验的重要组成部分：

> 团队的意义重大。征募那些知道自己意见能得到重视的团队成员，可以创造出思想倍增的巨大潜力。这就是我们团队中发生的事情。众人拾柴火焰高。团队成员因个人优势而受到认可。
>
> 感谢老年人和社区领导者与我们建立伙伴关系。我们把他们的教学内容转化为课堂上的体验式学习。
>
> 领导力项目需要了解项目内部和外部。我们共同承担责任。有时我们中的一个人会起带头作用，然后其他拥有重要专业知识的人会担任领导力角色。

论获得领导力的"诀窍"

　　学习合作、发展团队和分享领导力是小脚本作者学到的重要领导技能；但它们只是故事的一部分。因为被其他学区邀请，或是参加省级、国家或国际活动分享项目经验，许多人还学会了在大的场合发言。一些人开始学习使用社交媒体，扩大社交圈。3/4 的人都有过网络社交经历。通过 TLLP 培养网络社交技能，让人们不局限于团队，参与有关项目，进行学生和教师学习贡献的专业对话。几乎每个小脚本作者都说，他们从来没有这么兴奋过。他们学习如何教授其他教师，也向他们学习。

　　促进成人学习和教授学生完全不同。

　　　　作为促进者，我认为项目的成功推动了教师进一步考虑自己的专长。教育工作者往往很快就能发现自己的短板，而这种自贬的心态让教师失去了每天工作的成就感和乐趣。

　　1/5 的小脚本作者使用技术学习作为项目内容，包括使用 iPad、应用程序或其他在线或技术方法进行互动和学习。这成为他们领导力的重要组成部分，使他们能够以新的方式交流学习。这意味着研究、从新手开始、犯错、从中吸取教训、经常敢冒风险并坚持不懈地理解他们正在学习使用的强大工具。对于这些教师来说，这种学习有助于将想法传达给他人：

　　　　我们使用技术来分享学习，创建博客，更好地展示我们的 TLLP 旅程、经验、陷阱、障碍和成功。我们使用推特与教育局、省内和国际上的教育工作者建立联系。

用实践领导力来学习领导力的好处

　　TLLP 项目负责人撰写的最终报告中，教师学习的三大好处之一就是学习领导力。此外，97% 的受访者表示，TLLP 支持领导力技能的发展。具体技能发展包括：

◆ 74%的受访者发展了协调/报告技巧技能；

◆ 70%的受访者发展了项目管理技能；

◆ 54%的受访者发展了沟通/倾听技能；

◆ 53%的受访者发展了人际交流/关系建立技能；

◆ 47%的受访者发展了问题锁定/问题解决技能。

　　教师也在小脚本中写到，他们更有信心担任教师领导者，因为他们遇到了许多需要领导组织的现实问题，比如如何与对你的想法不感兴趣的教师打交道、如何分享领导力、如何利用专业知识、如何让人们始终情绪高涨和投入。

　　采访 TLLP 参与者时，他们解释说 TLLP 是"最佳的基层领导力……这是我职业生涯中最好、最有回报的工作"（TLLP 教师领导者）。重要的是，参与者成为有影响力的专家：

　　　　教师们被赋予了翅膀，或者找到了翅膀。这是领导力，教师成为教学领域的领导者……成为教学专家，成为教师专家。教师领导者是学校、同事、其他学校、其他教育局、公司和其他司法管辖区眼中的领导者，因为他们是领域内专家，而他们的领域是"你怎么教算术啊？""你的教学有什么不同？""猜猜看？""我试过了，这个没用，那个好用。我来告诉你应该在课堂上怎么做。"这就是我们所认为的教师领导力。

　　　　　　　　　　　　　　　　　　　　　　（OTF 省级 TLLP 团队受访者）

　　通过领导来学习领导力的力量，有助于挑战和改变"仅仅"是教师的观念，发展具有影响力和冲击力的非正式领导者：

　　　　专业方面，我在学校社区没有领导职位。我不是主席，不是副校长，只是一名教师。TLLP 让我在短时间内成为特定领域的专家……它是有益的、丰富的、鼓舞人心的、充满活力的、迷人的，所以我们三个核心团队的成员互相激励，梦想着去做我们没有时间，也没有机会去做的大事。

　　　　　　　　　　　　　　　　　　　　　　（TLLP 教师领队受访者）

TLLP 展示并提供了教师领导在先前研究中确定或倡导的众多优点，例如获得知识（O'Connor & Boles，1992），改进实践（Smylie，1997），发展领导力技能，实践和改进自尊、态度、动机和工作满意度（Katzenmeyer & Moller，2001；Lieberman et al.，2000；Ovando，1996）。TLLP 中的教师领导者的经验与哈里斯的结论一致："教师领导力最明显和最强大的影响是教师领导者自己。"（Harris，2005：206）

TLLP 面临的挑战

> 有时很难在没有指示，或从"促进"变为"指导"的情况下建立联系。有时很难让别人自己去做，甚至很难知道什么时候可以插入你的想法。我们有时会忘记倾听别人的声音。

这些引自 TLLP 小脚本作者的话，显示了组织教师时的紧张关系。教师尽量用正确的语调和方式推进工作，必须学习深化工作的意义，让同事加入小组，并且仍然能完成工作。

获得 TLLP 项目资金的教师大部分也是全职教师。因此，他们要面对和克服很多挑战，这很正常。他们需要寻求制订计划和实施项目的时间，平衡工作量以及项目带来的额外责任。这里也有人的问题，例如让团队成员承诺在一年的时间内坚守这个项目。也有其他学校或社区的教师拒绝开启新项目。对于所有 TLLP 项目负责人来说，如何控制预算、如何管理预算（或获得额外的资金）以及维持团队的积极性和推进发展都是挑战。许多 TLLP 领导者认为，应对这些挑战带来宝贵的领导力经验：

> 学校环境不断变化，我处理过意见冲突、预算问题、发布时间问题等。
> 我发现，与同事、朋友一起工作，对于专注力来说也是挑战。最开始我没有信心，请了两位教师带队。他们有很棒的想法，我认为他们会继续承担领导力角色。但我很快发现，他们把这看作是"我的项目"。我了解到，如果你对某些事情充满热情，你需要努力让项目获得认可并与他人分享你学习的伟大成果。

组织一大批教师是个不小的挑战。但如果我们都乐于学习，领导力就会变得更容易。

大多数情况下，TLLP 参与者能找到问题的解决方法。学习领导力的过程中，教师也的确找到了领导方法，克服挑战。教师学会了分享领导力，在团队之间建立协作，为同事制订新策略和设计新材料，思考如何管理团队动态，共同学习。

为了更好地帮助 TLLP 项目负责人，预测潜在挑战，帮助教师应对挑战，"教师领导力技能"培训课程中添加了项目和冲突管理以及对领导能力发展等课题。这可能也是团队动态管理问题越来越不那么明显的原因。

为学习领导力提供条件

让教师学习领导力是一个有趣的策略，有助于其学习如何管理、保持工作顺利进行、分担领导责任、塑造理念和实施策略。同时，教师学会明确自身职责，与校外教师交流，意识到自己在某一领域专业知识的不断增长。这种为学习领导力提供条件的方法与大多数教师传统专业发展的方法背道而驰。它是从内部进行学习，让教师获得领导专业发展的经验。

TLLP "为学习领导力创造了条件"，证据显示，与团队（大多数教师）一起进行职业发展让他们有大量机会学习领导力，学习如何促进他人更好地发展领导力，了解与他人合作时自身的优点和缺点。我们从 TLLP 经验中学到，教师可以志愿领导项目。当然，最好是与他人合作，管理金钱和时间，并实施专业发展。他们很快发现必须学会分享领导力，接受他人想法，公开自己的教学，尝试新的教学思维方式，处理财务，管理一年多的项目，当问题出现时处理紧张和冲突，让每个人都行动起来，学习并参与工作的进展。是不是得到了新角色或新头衔并不重要，重要的是与同事（以及学生）合作，学习与他人沟通，并清楚地表达分享自己的新想法。通过处理上述情况，以及帮助发展能共享的"专业知识"。这正是领导力的获得和学习。

作为教师，我们各有优点，如果学会合作，就能成为改革的巨大力量。你不必单打独斗。同事愿意共同承担风险时，大家齐头并进，共同学习……

　　用参与和合作来"买账"，打破教师的孤立感。

经验教训

　　本章提出了以下几点帮助教师成功发展专业项目：首先，政府和教师工会支持教师领导专业发展工作。其次，要成为教师领导者，学习合作是学习教师领导力的关键，无论是正式的还是非正式的领导。除领导合作，教师还学会了在他人发展专业过程中分享领导力。最后，除面对面协作和联系，技术帮助教师以新方式交流和发展专业学习及学生学习。

TLLP 项目示例

TLLP 项目负责人小脚本

创造学习条件：小脚本故事

　　以下两个小脚本由乔纳森·索和卡罗琳·克罗斯比撰写。根据提示，两位教师写下了自己的故事。乔纳森就职于一所小学，认为学校需要研究问题基础型数学方法。小脚本描述了他如何学会组织教职员工，团队如何一起学习，最终做出改变，他又是如何学会领导技能以及如何与同事间合作的。

　　卡罗琳也关注数学，但她的学校在这方面做得不错。她想帮助 9 年级学生成功申请志愿职业。咨询高等教育学院后，卡罗琳团队开设了一门数学课，帮助学生在大专项目中取得成功。与团队一起建立项目让她学习了领导技能。

小脚本 1

我们的 TLLP：全校范围的数学教学方法

作者：乔纳森·索

背景

在过去的 20 年里，学校数学课程发生了很多变化，更重要的是，教师角色从知识的分发者转变为知识的促进者，通过有效的问题、情境和讨论（Stein et al., 2008）来引导学习者构建自己的理解。新角色是教学实践改革的核心。施泰因等人（Stein et al., 2008）认为，在过去 20 年的改革教学发展中，出现了两波实施浪潮：第一代和第二代。第一代和第二代并不是指教师的实际年龄，而是指理解有效改革教学的过程中的哲学或阶段。他们观察到，在第一代改革中，教师和学生的角色没有明确定义。重点在鼓励学生思考问题，然后赞扬学生的独特策略。大会或小组讨论时间变成听力练习时间，教师的问题倾向于让学生解释为什么他们要使用这一特定策略或要求学生进一步解释他们的策略。许多教师认为，为了集中讨论学生的思考，应避免添加教师的想法或插话；教学和学习都来自学生（Stein et al., 2008：316）。施泰因等人补充到，在第一代改革中，学生的策略效率低下；学生和教师还在思考更有效的策略，或如何将这些策略与更大的数学概念联系起来。

根据目前的研究，我们希望专注于指导教师在学校和数学教学中实施问题基础型策略。作为一所新全日制学校，我们认为这个项目将在教师和学生中建立更深层次的数学能力。团队认为，通过共同规划、共同教学和共同简报，教师将更好地理解三部分课程，并理解学生的数学进步。团队还认为，项目有助于建立工作人员的凝聚力，让学校在年级和学校层面上保持数学语言和期望的一致性。

项目

项目的初步计划侧重于在研究数学环境中的教师问题，以便教师反思和评估他们的提问如何影响学生学习。然而，将项目带回学校后，情况发生了变化。我们打算把整个学校都纳入其中。因为学校成立才两年，参加项目可以提高教师的能力，凝聚学校氛围。

我们计划第一步进行员工调查，调查他们对数学的看法。结果显示，大多数教师并不把自己看作数学家，对自己数学教授能力有点自卑。尽管这是意料之中的事情，但我们认为，因为教师在课堂上经常提开放性问题，项目方向应该更多集中在学校范围内数学教学方法的能力建设上，而不是继续以教师提问为最初焦点。

团队向教学委员会提出项目建议，讨论如何更好地在学校实施。最终决定开展三个专业发展（PD）课程讨论数学，并引入"教学循环"（City et al., 2009），作为共同规划、共同教学和共同汇报的模式。根据西提等人的说法（City et al., 2009），"教学循环"的目的是让教师就实践进行深入而有意义的对话。他们注意到学校改进的最大障碍是缺乏学校对参与标准的定义。委员会认为，要使项目对学校有意义，必须超越传统PD，让教师自在地讨论实践和教学。

委员会和团队设定了三个学习目标：

1. 让数学解题教学成为全校的目标；
2. 让员工以成长心态参与其中，相信每个人都能成为数学家；
3. 通过解决问题型教学方法提高学生的数学学习能力。

我们还发表了"如果—那么"声明：

如果团队采取平衡稳定的方法，进行有针对性的实践（例如，数学事实和过程的实践、使用丰富的开放式问题、负责的谈话、探究性问题、策略构建、共建标准和描述性反馈），提高计算能力和解决问题能力、学生参与度、信心和沟通策略，那么学生将成为更成功的批判性思考者和问题解决者，更加了解世界和自己在其中的作用。

项目从第一次PD会议开始，侧重以下问题：什么是数学改革，为什么要通过解决问题的方法来教学？我们引入了员工对团队解决问题的定义，并为他们提供深入探讨解决问题的机会，公开讨论解决问题的方法。在这节PD课上，教师解决了一小部分问题，观察了学生的学习情况，并考虑了如何评估。我们还促进了自身教学实践对话，希望找到数学教学的最佳方法。

第二次PD会议不太正式，包含各种实践组件，我们检查了计划课程，并在课堂上使用它们。教学和学习团队为工作人员创建了两个模板以供使用。第一个是三部分课程的模板，第二个是单元计划模板。数学是如何改变的，什么方法对学生最有效，每堂课应该如何去展示，如何去感受，如何去实施，讨论内容丰富多样。我们也谈到了作为数学教育工作者的核心信念和价值观。在这次 PD 会议上，教师共同规划课程，并将共同授课。第一次试验开始，下次员工会议会汇报相关情况。

这个试验，以及随后的所有试验，项目都有一个共同教学、共同规划和共同简报模型的发布时间。模型包括半天的发布，便于与团队成员共同计划，一整天的两个教室授课，然后汇报学习情况。过程中，团队得到 "资源教师"（RT）、教师图书管理员和 TLLP 团队的帮助。我们的管理团队能够参加所有会议，并在汇报中做出贡献，共耗时 50 天。

下次教职员工会议上，教师分享了他们对课程的思考。作为员工，我们注意到每节课的相同点和不同点，并参与诚实对话，优化课程。我们发现：

1. 教师惊讶于学生的能力。

2. 他们对学生的策略的多样性及其在数学小组中的表现感到惊讶。

3. 许多人都在努力评估这种类型的谈话，以及如何将这种学习方法传达给父母。

4. 在这次谈话和经历中，许多工作人员注意到通过解决问题进行教学的重要性。

5. 他们观察到学生思考和对话的益处，并体验到它给课程所带来的精华。

6. 有些学生在解决问题的过程中很难一起工作。

教学委员会根据这些观察结果，找到相应的学术专论，帮助工作人员克服障碍。文章包括"组织富有成效的数学讨论：使教师不局限于展示和讲述的五种实践"（Stein et al.，2008）、"课堂讨论：使用数学对话帮助学生学习，K-6 年级"（Chapin et al.，2009）、"本人有关教师提问对学生学习部分整体关系影响的研究和分数基准模型"（So，2014）。这些文章在分部会议上分享，教师有时间阅读和思考呈现的内容。

最后一次 PD 会议试图解决工作人员在社区建设、选择丰富的任务以及评估方面的观察和关注。这次会议上，工作人员有时间讨论他们的"读后感"，教师也有时间共同规划下一堂侧重于语言融入或语境更丰富的课程。然后共同教授和汇报这一课程，为下一次员工会议讨论做准备。这次员工会议再次就可能有的进展进行公开讨论。我们分享并绘制了学生们的发现和教训。工作人员参观这一画廊，了解所有图表工作的制作过程。

我们观察到：

　　1. 教师再次对学生的参与感到惊讶。

　　2. 教师评论说把读写能力融入数学课程是多么容易。

　　3. 教师认为他们已经为规划和教学创造了一种更加平衡的方法。

　　4. 学生更多地参与了这个问题。

　　5. 学生成为更好的策略交流者。

　　6. 学生更善于与同伴和小组成员一起学习。

我们的员工学到了什么

　　后期调查中最具启发性的一个问题是：你从这个过程中学到了什么，你希望我们的研究进展方向是什么？以下是工作人员反馈的内容：

　　1. 当学生解决现实生活问题时，就会真正参与进来。

　　2. 如何更有效地提出问题推动学生的学习。

　　3. 我要说的是，我为我的学生们现在能够很好地口头交流想法并向其他人解释他们的理解而感到骄傲。

　　4. 我了解了共同教学和共同规划的重要性，喜欢这样的团队进行方式。

　　5. 我学到了如何内涵丰富地提问，如何进行负责任的交谈增加学生信心。

　　6. 我最大的学习收获是与个人合作，努力满足员工的所有需求。很高兴看到大家一起工作，共同实现目标。

　　7. 我更加了解了三部分课程和适合这种教学的内涵丰富的任务类型。我学会了如何有效地促进数学大会，以巩固学生的学习。

　　8. 我最棒的经验就是与教学合作伙伴一起规划和调整。我也发现 7 岁儿童的学习能力令人难以置信。学生制订的策略、发现的东西和互相之间的激励都令人难以置信。

　　9. 我最棒的经验是了解如何在课程巩固阶段提出关键问题，增强学生的学习体验并发掘他们的思维过程。

　　10. 探索数学教学的备选方案，如何超乎想象地激励学生完成挑战并让他们产生出更多的成果。我觉得今年在数学教学方面学到的东西比过去几年加起来还多。

11. 我最大的收获是，教授不同的学生同样的课程，会产生完全不同的结果。作为教师，我们必须为这些可能的结果做好准备。

12. 我学到了跟学生保持联系的重要性：评估他们的谈话内容，发现他们谈话中隐藏的内容。

13. 我学到了团队计划、讨论教学策略、确保所有学生都参与其中。将评估视为计划的一部分是十分有价值的。适度的学生学习时间非常有帮助。继续制订策略时，倾听学生对学习和过程的反思是非常有效的。我也认为规划和三部分课程作用很大。

员工的下一步行动

我们还收集了员工希望进一步深化数学 PD 的数据。结果如下：

1. 在理解如何评估与学生的口头交流方面需要做更多的工作。

2. 继续学习教师需要学习的东西，成为教得好的数学教师，让学生继续学习。

3. 在这个过程中，我想继续提高自己提出有效问题的能力，并在活动中对学生的思维进行详细观察。我也希望对评估更有信心。

4. 我将继续使用这种方法进行教学，挑战自己，将更多的技术和跨课程数学方法结合起来。

5. 继续探索可用的教学资源。

6. 寻求更多的合作教学机会（而不仅仅是共同规划）。

7. 继续进行开放式提问研究。

8. 我会继续建立全面平衡的数学项目，每天最好有大量时间，为结对学习的学生提供合作，将更丰富的真实解决问题之任务纳入项目。

9. 我想继续为学生提供充足的时间学习运用操作技巧，记录他们解决方案的不同方式，以及练习和口头分享所用的时间，据此来合理安排他们与他人的合作。学生在解释他们的解决方案时也会变得更加熟练。

10. 创建一系列问题来探究学生的思维，按级划分。

11. 作为员工建立良好的质疑和批判性思维。

12. 了解 K-5 学生如何学习数学。

13. 从第一代改革教师转向第二代改革教师。

14. 从基于问题型学习（Problem-Based Learning，PBL）分享转移到基于项目型学习方法（Project-Based Learning，PBL）。

15. 继续将技术和社会公正纳入数学项目。

16. 更多实践研讨会，介绍可用资源。

17. 就像 TLLP 项目那样，TLLP 做得最好的事情之一就是它强迫我们走出舒适圈，让我们尝试新事物和探索我们以前不知道的事情。这一切都适用于课堂，因为它发生在课堂上。有用的 PD 才是最好的 PD。

18. 继续将数学纳入我们的 SSP（学校成功计划）目标（不仅仅是读写能力）。

19. 帮助学生在日常活动中扩展对数学的理解。

20. 如果能在明年继续将其纳入协作调查就再好不过了。今年，这个项目帮助学校成长。如果能获得资金，明年也许有项目第二阶段。

个人学习和领导力的增长

对于我来说，批判性学习就是，作为工作人员，和其他人一起公开和专业地谈论我们的教学实践。作为教师，我们的职场在四面墙的教室里，常常感到孤立。是的，我们确实有丰富的员工会议，但很少有时间进行真正的讨论。项目实施之后我们才有了讨论。此外，教师的学习和成长也令人惊叹。我们从一所依靠个人进行数学教学的学校，转变为有着共同语言、共同目标，并且在很大程度上有着共同实践的教职员工。大多数员工现在把解决问题作为主要的教学手段，让学生成为更好的问题解决者、沟通者和批判性思辨者。

我的个人学习是阐明远景，建立学校社区。项目开始前，我认为这很容易，然后只需要仔细规划、实施。我后来了解，这并不容易。在员工之间建立联系是至关重要的，理解他人的想法、尊重他们的意见、找到每个人都能融入其中的方法，这些都是项目过程的一部分。要在全校范围内采取措施，不仅需要强有力的个人领导，而且也需要耐心、指导方针和理解来维持项目的持续发展。这个过程并不是逼迫他人来完成项目，而是通过了解如何鼓励所有学习者看到更大的画面。它教会我，领导者需要有清晰的视野，但也需要一颗理解的心。领导者需要了解谁是团队成员、他们理解了什么、如何帮助他们学习和成长。它教会了我始终看到人的优点，改革阻力并不总是不想改变，而是人们不知道如何改变，领导者的工作是了解他们能在哪些方面提供帮助。

挑战

如果不认为自己会面临挑战，就无法在全校范围内实施项目。需要团队（为员工、教师图书管理员、各种委员会、资源教师和教育局提供各种关系网络）来实现远景和计划。我们面临的大多数挑战都集中在理解如何实现这些数学改革或者为什么需要完成这些改革。工作人员参加了 PD 会议，听取了所有声音，所有的想法都被接受了。这引发了有价值的讨论，围绕着为什么通过解决问题进行教学是整个学校的目标。工作人员的共同努力也存在挑战。员工必须围绕协作规范、与他人建立互信以及建立社区来开展工作。这是在校长的帮助下，在全体员工的对话中克服的。尽管这是由教师主导的倡议，但也需要政府的支持。与管理团队合作也需要有与同事合作一样的耐心和理解。我还认为，学校范围内的任何项目都需要得到校长的支持。拥有管理者的支持和远景不但可以解决冲突，也有助于建立社区意识。

分享我们的研究成果

项目结束以来，教育局一直在实施"参与数学"项目。这是全学区教学的重点项目，专注教授平衡数学。利用教育局的想法和自己的研究，我们继续在员工中发展教学能力。我们又进行了两次关于数学和课堂实施数学的 PD 会议。我们也一直通过网络和地区的其他学校分享从项目中创建的资源。还有人邀请我到滑铁卢教育局分享我们的项目。

结论

这个项目确实是丰富而有益的。总的来说，项目有两个关键结论：全校范围内的实施挑战和 TLLP 在学校取得的成就。围绕实现数学的共同目标实施全校范围的行动计划需要时间。有了出色员工的奉献，这个项目才有可能实现。但是，项目是可以复制的。通过使用不同的教学案例并在员工之间建立诚实对话，学校可以营造氛围，让教师们在最佳教学实践中走到一起。这确实需要时间。这也是我们依然锲而不舍的原因之一。正如校长凯西·斯坦丁所说：

建立一所优秀的学校需要 3~5 年的时间。需要诚实地思考每个成员想要什么，能给社区带来什么。作为工作人员，我们需要经常重新审视这一点，并提醒自己为什么要开始这个项目。

　　如果有任何学校正在考虑实施这类项目，那么强烈建议你领导团队进行交流，将其带到学校员工面前，围绕共同的目标进行诚实的谈话。在年级和员工之间进行大量的共同规划、共同教学和共同总结。教育工作者之间的合作典范越多，学生之间合作的可能性就越大。学习具有感染力和传播性。随着员工逐渐成长，学生也会成功。

　　TLLP 是我和学校社区参与的最好的学习体验之一。没有资金，这种学习很难完成。教师需要时间进行协作，共同教学，共同汇报和共同学习。在全校范围内建立互信、能力和理解需要时间。随着越来越多的人参与，完成这一目标需要更多的时间。TLLP 让我们能够实现这个目标。它提供了有意义的时间，员工一起工作，为学生创造一个更好的学习氛围。有一个好消息，我们学校今年会依靠自己的资源来继续这个项目。

乔纳森·索

雷·劳森公立学校

皮尔教育局

小脚本 2

我们的 TLLP 之旅：创造了以职业为中心的数学课程

作者：卡罗琳·克罗斯比

你做了什么？

　　大约 5 年前，一个 10 年级的学生告诉我，他的哥哥参加了大学木工课程，大学教师说的第一句话是："忘掉他们在高中教你的数学，这里不适用。"我无法反驳他的说法，因为我不知道大学木工课程到底需要哪些具体技巧。我知道省教育部对高中数学的期望，但不知道它们是如何用高中课程衔接大学课程的。而且很明显，这个 10 年级学生对我能为他做的未来职业生涯规划没有太大信心。

　　同年，有一个 9 年级的学生，他确定自己当一个木匠。他有自己的工作室，也做过鸟屋。他的母亲不确定圣卢克学校是否能为他做好就职准备，因为她知道我们学校没有衔接大学 11 年级和 12 年级所需数学的课程。我们学校专门从事实习教育（COOP），为学生做职业准备。

到 10 年级，学生每周上一天学，获得 4 学分，然后第二天去实习教育再获得 4 学分。我相信这所学校最适合这个学生。他没有掌握在 9 年级应用数学课程中所需的基本数学技能。本地开发的 9 年级数学是他的最佳选择。这门课程可以强化他 6 年级至 8 年级没有掌握的所有技能。但我不确定大学的木工课程是否会接受本地开发的 9 年级数学课程，该课程衔接 11 年级和 12 年级的职场数学课程。

一段旅程就此开始。我开始寻找资金，了解学生在高中接受高等教育课程所需的先决条件。我还想了解更多大专教育必备数学技能。TLLP 为我提供了研究方法。TLLP 开始之前，我的学区教育局——安大略省东部天主教区学校教育局（CDSBEO），通过 CPLC[1] 项目计划为我提供离岗时间，与大学教授联系。第一次参观阿尔冈昆学院的汽车项目后，我相信，本地开发 / 职场数学桥梁课程能为学生提供更多的职业课程，让他们进入学徒期。知道这一点后，我决定写份提案，联系大学教授，设计模板，让教师创建教学课程，展示本地开发数学课程中的不同职业。使用此模板，我们小组还将开发三个课程作为样本。

和谁一起？

我很幸运得到了项目组教师的支持。帕特·霍根、凯茜·怀亚特和凯西·皮隆曾与我合作过一个项目，该项目涉及为 9 年级本地高等数学课程编写资源。过渡课程通常被视为学生的最后选择，课程资源并不多。人们不会主动选择它，只有当学生在大学和大学数学道路上无法取得成功时，才会采取这种方式。学区教育局一直是本地开发 / 职场过渡课程的倡导者。凯西·皮隆以项目领导者数学素养的身份为 9 年级资源项目（Grade 9 resource Project）获得了资金。帕特、凯茜、凯西和我都是这个资源项目的作者，他们为项目牺牲了很多时间。他们知道这个 TLLP 项目可能与其他项目大同小异，仍然花费了大量的时间帮助我。对此我很感激。

结果是什么？

我们的 TLLP 团队首先与教授大学职业课程和负责学徒的大学教授会面。阿尔冈昆学院、皇家学院、圣劳伦斯学院和肯普维尔学院非常友好，他们与汽车动力、管道、暖通空调、石油和暖气技术人员、美发、园艺和木工项目专业人士一起举办了会议。我们问了一个简

---

1 CPLC 全称为 Community Program Liaison Communication，即社区项目联络与沟通。——译者注

单的问题："你希望学生在进入你的课堂时掌握哪些数学技能？"

通过这些对话，我们能够确定必要的数学技能的核心：

◆ 添加分数

◆ 小数点的置放

◆ 将分数转换为小数，将小数转换为分数

◆ 十进制英寸和十进制英尺

◆ 百分比计算

◆ 比率和费率

◆ 勾股定理

◆ 周长、面积和体积

◆ 英制和公制测量

◆ 心算：乘法表、加法、减法

◆ 估算

◆ 材料 / 工具尺寸的视觉识别

◆ 运算顺序

◆ 运算和使用职业特定公式

◆ 主要三角函数（某些职业）

能和这些大学教授进行非正式交谈真是太好了。对话让我们了解彼此面临的挑战，并讨论可能的课程，以帮助学生的学习。团队非常感谢这些教授愿意在教学计划之外与我们见面。

一旦了解了学生们取得职业成功所需的数学技能，我们就把注意力转移到了创建课程模板上。大学生需要阅读理解能力和写作能力。为了在这方面有所帮助，我们决定课程模板中加入读写能力部分。另一个需求领域是学生无法进行心算和估算，因此这也包含在我们的课程模板中。最后，我们也知道桥梁课程对学生最有效，因此必须设计"动手"任务。多次交谈后，我们提出了一个由三部分组成的模板。

职业课程模板

◆ 第一部分：沟通课程——重点课程。专注读写能力。

◆ 第二部分：知识和技能发展课程——重点关注估算、心算、实践课程所需技能的精确计算（这有助于解答诸如"为什么我们需要学习这个"的问题）。

◆ 第三部分：动手学习课程——学生职场中必须完成的任务。

例如：

汽车课——读取轮胎上的数字，确定轮胎的直径

◆ 第一部分：安大略省是否应该强制使用雪地轮胎？本课侧重读写能力，学生从文章和视频中找到主要思想和三个支撑点，然后写下自己的观点。

◆ 第二部分：学生心算，估计--英寸有多少毫米。然后，使用计算器准确计算。

◆ 第三部分：给学生分发实物轮胎，必须用数字确定轮胎直径。然后测量核对计算结果。

帕特开设木工课，让学生们调查楼梯的升降情况。凯西开了糕点艺术课，学生在那里做苹果馅饼。

TLLP 的最后阶段是课程试验。我们只试验了轮胎课程。其他两项将于今年试行。由于许多高中学校没有在这两个学期开设这些课程，因此很难进行试点。

我们学到了什么？

非正式对话很有力量。与大学教授的非正式对话让我们分享了真诚的观点。我们小组后来讨论了从会议中学到的东西。每个人对本地开发桥梁课程的目的和潜力都有不同的看法。意见不是总能达成一致，这很好，我们也能随意表达自己的担心和想法。这不仅仅有助于创建课程模板，也有助于整个项目成果。

现实生活数学技能对许多大学课程都很重要。塞内卡学院的大学数学项目（CMP）的最终报告指出：大约 33% 的大学生由于数学能力不足而未能通过大学课程。CMP 报告中列出的大学课程所需的数学技能，与我们研究所确定的技能核心密切相关。我们在 TLLP 会议上的讨论要点之一是，应用 / 大学数学桥梁课程涵盖了许多数学技能，远远超出了大多数大学课程的需要。学生没有时间真正掌握他们的基本数学技能。很多时候，学生关注的是更抽象的概念，如线性、二次函数和指数关系。

本地开发 / 职场桥梁课程可以帮助学生准备大专教育。项目结束时，我们开始了解开办过渡课程的可能性。本文开头提到的所有数学技能，本地开发 / 职场过渡课程都会教授。问题在于如何摘除与其关联的"过渡"科目的成见。然而，我们就如何使之成为真正过渡课程进行了多次讨论，促成了今年的第二次 TLLP。这次 TLLP 的重点是为家长、学生和员工创建一份指导文件，解释高中系统中每门过渡课程的潜力。

我对领导力学到了些什么？

耐心是进步的关键。很多时候我们对自己的工作感到兴奋，这激励我们把事情做好。然而需要意识到，其他人还有我们并不知道的其他优先事项。有很多次，有人不回电子邮件，我的项目就进入了死胡同。我感到失望，或者觉得这个项目可能没有我想象的那么重要。我嘴里只好念叨着"船到桥头自然直"。但我必须意识到每个人的生活都很忙碌，别人也在做自己的事。有人没有回复我或联系我，并不意味着项目是没有价值的。这引导我学会了关于领导最重要的东西。

试图完全凭靠自己实现改革是不可能的。我不喜欢当领导者。项目是为了学生和其他喜欢项目的人进行的。我必须时常慢下脚步，确保项目进行的原动力还在。正如我之前提到的，有时我会感到沮丧，觉得"也许这就是我所能做的一切了"。然后就有别人、同事、校长、学生、朋友或家人鼓励我，我就能继续下去。如果没有那些在职场、社区和家庭中支持我的人，项目就不会取得这样的成果。因为他们的支持，我才坚信能为所有高中学生创造一个真实的学习环境。

要成为一名优秀的展示者，需要有"亮点"。经常有展示者说，他们能把幽默当作有效的展示工具，希望我能像他们一样进行展示。我不幽默，这不是我性格的一部分，不是我的亮点。但我了解自己，在帮助他人方面，我是个充满激情的人。展示过程中，我一直以此为亮点。我说话的时候，这种激情就传递给了别人，引起了别人的注意。

我们如何分享知识?

CDSBEO 建立了两个数字网络。一个的受众是校区教育局下属的所有学校的高中数学领导者和小学 7 / 8 年级的数学教师;另一个仅适用于本地开发 9 年级和 10 年级数学课程的教师。我们在自己的学校教育局网络中分享研究成果。当地开发数学网络会议上,就有一位刚开始教授这些数学课程的指导顾问想了解更多关于这门桥梁课程的信息。我们制订了第二个 TLLP 提案,为家长、教师和学生创建指导资源文档,以更好地了解每个高中数学桥梁课程的潜力。提案被批准,我很高兴,旅程仍将继续。

正如前面提到的,感谢一直以来支持这个项目的人。校区教育局 OYAP[1] 的领导帮我联系了 RPT9(安大略省第九区域规划小组),RPT9 由阿尔冈昆学院、皇家学院、圣劳伦斯学院和周边 9 个当地学校教育局组成。我受邀向规划小组介绍研究成果,受到好评。这次展示后,我又受邀到亨伯学院工作计划(SCWI)省级研讨会进行展示,分享 TLLP 研究。达夫林·皮尔校区教育局的学术顾问出席了这次展示,邀请我去多伦多百年学院展示,参加为当地高中举办的"聚焦行业日"活动。我们的研究引起了许多共鸣,人们认为它提供了重要视角。

我还代表团队出席了多伦多 CSAP 省级论坛,再次感谢 RPT9 的主席。CSAP 全称是大专生成就项目,通过分析大专和高中学生的数学和语言数据,降低大专留级率。我在论坛上分享了团队的研究成果。

最后一点想法

很幸运,我们在安大略省能有机会发展教师学习并帮助学生。TLLP 的资助确实改善了学生学习和学校文化。现在,我可以看着学生的眼睛告诉他们,要想成功申请大专项目,需要掌握哪些数学技能。想成为职业人士,那么过渡课程就是大专教育最好的前期准备。学生们对项目、对学校、对自己充满信心,也越来越自信。其他高中对创建本地开发 / 职场过渡课程也有兴趣。希望通过我和其他人的努力,这一旅程能在未来几年内继续下去,直到所有的高中生都选择了正确的桥梁课程。

卡罗琳·克罗斯比
圣卢克天主教高中
安大略省东部天主教区学校教育局

1　OYAP 全称为 The Ontario Youth Apprenticeship Program,即安大略青年学徒项目。——译者注

经验教训：TLLP 中的教师领导力

1. 在政府和教师工会的支持下，教师能够领导专业发展。

2. 无论是学习正式领导力还是非正式领导力，合作都至关重要。

3. 帮助他人发展专业时，教师学会了分享领导力。

4. 除了面对面合作和交流，技术也帮助教师以新方式进行交流、发展专业学习和提高学生成绩。

5. 教师通过 TLLP 交流知识和分享实践

TLLP 的主要目标之一是"促进知识交流",实现创新以及有效实践的分享和可持续性。长期以来,人们一直关注如何以有助于改善实践的方式来开发、分享和传播专业知识。传统专业发展往往侧重于传播信息和发展教师个人的知识和实践。人力资本概念强调在职业生涯中培养个人才能(Hargreaves & Fullan,2012)。随着越来越多的证据表明协作专业学习的重要性,专业学习小组司空见惯。TLLP 关注教师个人发展以及 TLLP 团队合作。不仅如此,它还要求教师明确知识,公开实践和学习,与其他教师(共同)开发新知识。不仅与名单内的团队分享,也要通过网络和面对面接触与其他人分享,不局限于自己的专业范畴和职场,广泛地与社区分享和交流知识。

知识和行动:教师从知识接受者变为知识组织者

贝斯特和霍姆斯(Best & Holmes,2010)在医疗领域的写作中总结了三代思考到行动的演变过程。第一代,线性模型主要假设知识是由外部专家产生的,通常由外部研究产生,然后外部专家将知识传播给实践者实施。一般来说,研究与实践之间是线性的单向关系。有的专业发展项目给教师提供和打包外部"专家"知识,这类项目便是上述情况。贝斯特和霍姆斯(Best & Holmes,2010)的《从知识到行动的第二代思考过程》中,研究者和实践者之间存在网络、伙伴关系和互动,关系模型变得重要,这种模式有所改进。但是,其运作可能仍然基于这样一种假设,即主要关系是研究到实践,而不是实践到研究，尽管如此教师主导的这种知识交流模式也很重要（Tseng，2012）。因此，贝斯特和霍姆斯（Best & Holmes，2010）提出的第三代思维是涉及相互作用、知识共创和知识应用的系统模型。评估和支持知识（共同创造）、（共同）学习和实施的交互过程是 TLLP 方法的核心。

支持"归其所有，由其所发，为其所用"的知识交流系统

TLLP 系统基于以下理念进行了设计：教师应处于创造、发展、组织、实施和分享自己学校改革理念的中心而不是被动地从外部接受知识。TLLP 教师并没有完全"单打独斗"去思考如何通过 TLLP 项目分享知识。OTF 和省教育部从一开始就认识到，如果通过专业知识交流走向创新是优先目标，那就需要提高教师这方面的工作能力和接触外界的能力。

OTF 和省教育部审查 TLLP 申请时，特别注意教师的学习和知识发展方法，以及他们会如何发展其他教师的学习以分享知识和推广实践。正如 OTF 省级受访者所解释的那样，要求 TLLP 教师不仅仅是"专家教师"，更要成为专业学习的"专家"领导者：

> 你在这里的申请表是因为我们知道你对学生很好；你要研究什么？打算如何推动？……如何将研究适用于其他成年人？这也是培训的目的，很多人都关注自己的孩子和班级，他们还会说："我可以教得更好！"好吧，但是我们问的是如何将研究适用于其他成年人，是另一回事。

支持教师成为知识组织者和知识领导者，需要明确和仔细关注每一位教师自身的知识和学习，以及他们如何引导同伴的专业学习。正如一位 TLLP 教师领导者解释的那样：

> 我想，参加 TLLP 还得写提案。我的观点和理解，甚至是专业发展，都被改变了。因此，我认为这对我理解初等数学所研究的内容程度、对研究的熟悉程度有重大影响；而且，我参与后的最大转变是考虑到了与教师学习相关的问题，以及与内容相关的其他教师如何学习的问题。

教师成为专业学习、知识和实践组织者，这种转变对教师和学校领导阶级都很重要。罗宾森等人（Robinson et al.，2009）的"学校领导力和学生成果：确定什么有效以及为什么有效"研究发现，最重要的因素是学校领导通过促进和参与教师学习和发展来推动其"教学领导"。然而，TLLP 进一步指出了教师自身发展教学领导力的重要性，它将教师在课堂实践和学生学习方面的专业知识与（共同）发展其他教师专业学习和分享知识的领导力作用结合起来，为改进教育实践提供了信息。

如前所述，发展教师领导力需要学习新的工作方式。OTF 和省教育部的基础设施支持人员培训和在线网络，这是 TLLP 教师知识交流的重要支持。"课堂教师的领导力技能"初始培训包括关注如何识别、动员、分享和报告 TLLP 中获得的知识和实践。例如，有一门课程专门培训数据收集、监控和报告能力。数据内容主要集中在 TLLP 项目的优点、影响和挑战。还有课程培训与专业人士沟通的技巧和使用社交媒体的展示技巧。

此外，在正式的 TLLP 项目资助结束时，TLLP 教师领导者和团队成员需要参加"分享学习峰会"，庆祝完成的项目，加强 TLLP 社区内外的网络联系，激励教师进一步分享他们的学习成果和成功经验。正如一名 TLLP 教师领导者评论的：

> 老实说，最后的分享（分享学习峰会）是最棒的 PD……这就是 PD 该有的样子，各不相同，为每个人独家定制。我可以选择想参加的 PD。如果我是小学教师，需要提高读写能力，那么我就去相应的 PD。这就是最真实的 PD，教师之前互相交流，不会让人感觉……你知道，职业咨询师常常居高临下地和人说话，他们有时候就是这样的，虽然我认为他们不是有意的，但他们冒犯我了。TLLP 就不一样了，因为人们都在平等的游戏规则中。你这样做……就等于是批发了你的领导力……我学到了很多。

学校和系统的支持，为教师知识交流提供了有利的文化和基础设施，包括提供资金和资源以支持知识交流，提供技能培训以支持这种领导力形式，并提供机会促进在线分享和面对面分享，这些都至关重要。TLLP 由教师主导，但它不是孤立的、教师个人的自主行为。

开发和分享知识：个人、团队和网络

虽然 TLLP 旨在支持明确个人知识并分享学习成果，但不局限于将教师培养为"有天赋的教师个体"，而是通过教师领导力和共同学习来发展团队专业工作，以促进由教师发起的教师专业判断的改革。

对于个人而言，制订知识交流战略涉及反思和将自己的隐性知识显性化，将其实践和公众化并获得信心。戴利（Daly，2010）评论道，"鉴于教育工作的孤立性，专业知识往往隐藏在显而易见的地方"。事实上，贝克 - 道尔和尹（Baker-Doyle & Yoon，2010）研究了科学专业发展项目中的中学教师。他们发现，以周边关系为基础的专业网络，比起一对一的个体专业分享，能分享更多的专业知识。为了分享个人知识，首先要求他们反思并明确自己的隐性知识。这是一个复杂的过程，要求个人分享他们的专业背景和专业知识，参与合作，展示和分享专业知识，并制订目的明确的方法。一位 TLLP 教师领导者分享了她的发展方式，她的知识在此过程中变得更加明确：

> 我的教学实践发生了重大转变，因为我认为我做的很多事情已经相当直观，我们的 TLLP 侧重相互指导。我现在有了指导者，她帮助我进行实践，更重要的是，她也提高了我的指导能力。我已经谈到了元认知，事实上也的确如此。我开始意识到自己做的决定会产生什么样的影响，也许这就是它们产生影响的原因。一旦我意识到了这一点，我就可以更有意识地、有策略地、刻意地做出决定……我认为这对实践的影响最大。

在使隐性知识显性化的同时，也需要对内部的反思和外部的讨论，而个人知识交流的第二个要素则是将其教学实践公之于众。如第 3 章所述，作为专业学习和领导力发展的一部分，这可能会有风险，但最终会有回报。去私有化实践是 TLLP 的核心特征；正如 OTF 受访者针对一位网络学习社区理念发起人所讲述的那样：

> 他对我说："教室里，每天都有奇迹发生，真正的奇迹。教师们做了很多了不起的事情。而隔壁教室的教师根本不知道他旁边的教师做了哪些了不起的事；隔壁学校的教师不知道，隔壁学区的教师肯定也不知道。我们如何

利用这些奇迹并分享它们呢？"他们所做的就是提出网络学习社区的概念。他告诉我，他们带着教师参观彼此的学校。进入另一所学校是什么概念？你的整个课堂概念、出色的工作、与学生的友好相处，应该如何以一种没有威胁的方式，以一种非常好的方式与其他教师分享呢？对于我来说，这是我们考虑 TLLP 的关键点。

知识交流的基本要素是分享个人知识，（共同）发展集体知识。"社会资本"的概念涉及个人之间的资源流动，在教师专业化、学习和发展的方法中得到推广（Daly，2010；Hargreaves & Fullan，2012，2013）。哈格里夫斯和富兰（Hargreaves & Fullan，2013：27）将"社会资本"的力量概括为"团队的协作力量"。教师团队通过协作、工作嵌入式专业学习来进行共同学习非常重要。采访 TLLP 教师领导者时，他们积极评价了 TLLP 项目团队成员之间通过讨论和行动而产生的创新机会和进行的知识分享：

> 我想，日常工作之外还有很多额外工作，这是实践中的挑战。但另一方面，我们不得不承认这种工作，联系、合作、头脑风暴、有创新的结果又让我们增添了活力。这种工作是有益的、多彩的、鼓舞人心的、充满活力的、迷人的，所以我们三个核心团队的成员互相激励，梦想着去做我们没有时间、也没有机会去做的大事。

与某些形式的专业学习社区不同，他们的会员资格和目的是由正式的学区或学校领导者授权或要求的，而 TLLP 团队是由教师启动、组建和发展的。此外，一般来说，"专业学习社区"或"实践社区"的概念涉及团队内部工作的固定成员，他们通常在同一所学校工作。TLLP 则是在团队外部、团队交叉以及团队内部开展工作，促进知识交流和实践共享。戴利（Daly，2010）指出，团队或小组之间的互动有助于发展提供、接收和使用其他群体信息的相交过程。教师的知识和实践分享是通过建立伙伴关系和网络互动进行的，而不受正式签约的约束或限制。正如利特尔评论的那样：

> 随着社交网络理论的引入，我们发现人们的目光从正式组织转移到以不同种方式和深度参与其中的个体网络形式。社交网络理论家不再研究组织边

界和形式，或者质疑这种研究的意义，而是去研究如何通过思想、信息、资源和影响的流动用关系网来解释稳定和变化的模式。（Little，2010：xi）

"个人和专业学习网络"（P²LN）的概念（Whitaker et al.，2015）让教师通过在线网络和协作联系，扩大专业联系的规模和范围。

TLLP 教师领导者在自己的课堂和学校内开发、分享和应用知识，并将他们的专业网络从现有的组织扩展到更广泛的社区。我们研究发现，超过 3/4（77%）的 TLLP 项目会在校内分享学习，其中 88% 的项目也会在校外进行分享，包括其他学校、当地社区、本地校区或其他安大略省校区。10% 的项目在全国范围和 / 或国际上分享其知识、实践和 / 或资源。

安大略省提供了公众平台来帮助知识交流，实现 TLLP 共享。项目期间，TLLP 教师领导者要在线上网站"导师时刻 NING"至少上传两次文件或资料。随着时间的推移，资源发布、博客数量和在线互动水平显著提高。这个平台是分享和调动教师知识的重要来源。最近，TLLP 教师领导者参与了"Teach Ontario"的设计、测试和开发。这是安大略省电视台（TVO）开发的一个在线平台，旨在帮助教师的专业学习、协作以及知识和实践的共享。

教师分享和运用改进实践后的知识

TLLP 教师分享知识的主要受众是其他教师。大多数 TLLP 项目还涉及更广泛的受众，如学校、校区和政府领导人、其他教育人员、专业协会和工会、家长、研究人员、大学和公众。知识交流的关键考虑因素是确定预期的优先受众群体以及他们偏爱的沟通方式。几乎所有 TLLP 项目（94%）分享学习和 / 或实践的方法都不止一种。总体来说，有两种主要策略。第一种，提供专业学习合作的活动和机会，如研讨会和专业发展会议、教师学习社区 / 小组、建模实践和课堂访问以及教师指导。第二种，TLLP 教师直接进行沟通分享知识：通过"在线"交流和协作（如网站、博客和推特），在校内（如员工会议）或与更广泛的受众（如会议演示）进行"面对面交流"；通过印刷出版纸质资料，在学校内部（通讯）、当地（如报纸）或其他地区（包括期刊和书籍）进行交流。合作机会将新的学习和实践相结合，再加上通过传播策略向更广泛的受众群体提供信息，这都是知识分享和实践传播的重要方法。

让更多的教育工作者和学生参与创新和学习，有助于知识交流，例如第 2 章所述，在一个项目中让多个教师专业学习社区和学生学习社区互动。还有一些其他例子，TLLP 教师领导者让学校和校区行政人员参与协作学习，分享机会，就当地优先需求，分享家长和社区成员互动的机会。

网络资源和社交媒体的使用越来越普遍。人们在社交媒体的使用上有不同的操作水平和信心。最初的 TLLP "经验丰富教师课堂技能"的部分还包括培训和帮助新老用户使用社交媒体。随着时间的推移，TLLP 项目中专业学习和学生学习的技术使用有了实质性的增长。TLLP 教师领导者利用社交媒体鼓励 TLLP 参与者将其实践去私有化，进行更广泛的分享。一位 TLLP 教师领导者说：

> TLLP 也教教师如何建立关系网、如何开诚布公、如何让自己正在做的事更有意义，而不是躲在教室墙角里，对吧？所以我认为，第一次开始 TLLP 项目时，我说："行吧，我们都得写博客"……对于教师们来说，把自己写的东西放在公众平台，会担心人们看了之后的反应，初始工作是非常困难的。但随着 TLLP 的进行，我们都同意每两周发一次博客……结果我们小组其他 TLLP 成员也都开通了自己的个人博客。

使用博客、推特和其他互动式在线论坛有助于扩大协作和共享，与更广泛的，甚至是全球的网络进行协作和共享，而不局限在个人或学校内部。正如另一位 TLLP 教师领导者所描述的：

> 保守地说，（项目网站）……仅此一项就达到了计数点击的周期……点击数在 12000~13000……博客本身和里面的内容已经传播给了世界各地的教育工作者。不可思议……我们使用推特和脸书等工具，将项目扩展到学校或教室之外，毫无保留地展示……这完全是通过策略设置来实现的。访问博客的人越来越多……于是我们有了最初的核心团队，用来推进或调整博客。不过每个人都会和其他人讲这件事……甚至是在推特上交流。我去加利福尼亚或其他任何地方参会的时候，我也会问别人："嘿，你想当客座博主吗？"

> 然后他们就会注册。现在我的博客有三十位客座博主，他们都是来自世界各地的高端教育工作者，博客就是这样一个鲜活的实体。所以我认为，不要只是口头鼓励其他人，说什么"你的声音很重要，这太棒了；你说的东西很重要"，因为人们不认为这很重要。教师们正在做着令人惊叹的事情，但他们认为没人在乎，也没人想听。

正如上文 TLLP 教师领导者所述，在线协作和分享教师的声音和行动可以为相关教师提供帮助。这也是与其他教师交流和分享实践重要知识的方式：

> 网站每月有 8000~10000 次的访问量。我们被访问量吓到了，感觉到自己的确在帮助其他教师。

专业学习方面的研究开始表明，如果使用得当有效，在线专业网络在帮助教师分享专业学习知识和传播实践方面有着巨大潜力（Lieberman & Miller，2014；Lieberman & Pointer-Mace，2010；Whitaker et al.，2015）。

具有可操作性资源中的优质内容至关重要

当然，如果专业学习和互动中不包括能够为专业知识和实践提供信息的实质性合适内容的话，那么协作和沟通显然是不足的，甚至可能产生负面后果。显而易见，高质量内容非常重要。高质量的内容将理论与实践相结合，促进了教师的专业发展才能为有价值的学生成绩提供保障与支持（CUREE，2012；Darling-Hammond et al.，2009；Garet et al.，2001；Timperley et al.，2007）。

TLLP 教师通过创建和 / 或确定可在教室和学校里应用或改编的资源，开发和共享相关实质性的专业发展内容。在大多数（73%）TLLP 项目中，TLLP 成员开发了可直接在课堂上使用的材料，如示例课程、课程大纲、测评任务和教学策略等。TLLP 成员还编制了附加资源的工具包，准备了研讨会，制作了教师演示实践和学生们讨论这些实践的效果的视频。学生们讨论这些实践的效果，他们撰写研究和文献综述报告，开发博客和网站等交流工具，制订整个项目或框架，并编写辅助材料。TLLP 项目周边还包括写书、开发主题在线课程、撰写杂志、创作艺术作品、制作无障碍设备，以及开发项目宣传材料，如小册子、海报和书签。

教学或项目材料的开发有助于实践的传播。例如，特殊教育学校有一个项目，侧重于评估学生的早期阅读能力。因此，团队成员开发了评估工具，供有严重语言和身体障碍的儿童使用。现在，全校教师都在使用这个工具。再比如还有一个项目，TLLP 教师领导者为师生制作了数学问题册和谜题：

> 我亲自动手，给每个教师提供了每个年级每个孩子的数学问题册……我走进教室，告诉大家今天要解决的问题是什么……我们学校有 700 多名学生，所以我找了很多数学难题。

TLLP 项目还开发了学生可以直接使用的资源，例如，有 TLLP 教师编写并出版了图画小说，吸引学生学习。资源还促进了教师之间的专业学习共享。例如，一个视觉艺术教学项目，项目内容涉及创建艺术智能博客以共享教育资源。

发展专业合作和开发供教师使用的实用资源，这两种策略似乎是通过 TLLP 项目共享学习的最普遍和最有效的方法。为了进一步的知识交流，已结束的 TLLP 项目可以申请成为 PKE 项目，并向学区申请资金，以帮助校区内外人士更多地分享 TLLP 专业学习和实践，内容包括增加教师领导者分享专业学习和参与学习活动的时间。在申请 PKE 资助的项目和申请成功的 PKE 项目最终报告中，申请人需要：概述 PKE 项目的主要学习目标；如何与学校和 / 或教育局的目标保持一致；描述 PKE 项目的专业学习计划；提供时间表和具体的学习设计；如何与教育局和省教育部分享项目成果（如学生作业的在线示例、博客中的教师反思等）。申请成功者还需要向 TLLP / PKE 报告项目是如何影响教学实践和学生学习的。由于 PKE 的规模更大，资金流向教育局（而 TLLP 资金用于教师主导的项目），需要大量的教师离岗时间来共享实践。我们研究 PKE 项目时发现，随着项目规模和范围的扩大，教师领导者需要担任学区办公室或校内的正式领导职务，与学区和学校领导密切合作已经成为一种普遍现象。虽然 TLLP 重视非正式的教师领导，但在学区或全省范围内开展知识交流项目确实需要更多地关注正式角色和额外资源。在本章的最后，我们将提供两个 PKE 案例作为知识交流的实例。

教师领导知识交流和分享实践的挑战与益处

推进知识交流仍面临挑战，其中包括：规划和分配足够的时间，平衡工作量；引进新技术；项目范围太大无法管理，或项目范围太小无法实现预期的改变；获得承诺并克服阻力；预算分配和管理；管理 TLLP 团队动态；后勤问题。教师在从事这项工作时，应事先做好准备，以应对潜在的挑战。例如，在小脚本中，许多 TLLP 教师领导者都谈到了如何应对团队建设和团队领导方面的挑战。有教师认识到，领导的"耐心"至关重要，因为其他人有自己的紧迫事项。还有教师注意到，项目"不能一个人去做"。因此教师必须学会利用时间，建立团队，让每个人都感到"舒适"和"被倾听"。学会为团队工作，但每个人兑现自己承诺的水平不同，要准备好接受这种差异，并学会欣赏差异，利用每个人的优势。在最终报告样本的分析中，TLLP 教师认为适当的预算和教师空余时间很重要，这样能更好地共同规划 TLLP 项目，制造更多参与协作学习的机会。利用专业知识和 / 或设备，确定项目的关键人员，可以缓解 TLLP 项目的技术问题。我们研究发现，TLLP 教师领导者通常都能找到解决问题的方法。通过克服或驾驭挑战的过程，他们的领导力、发展和技能都有所提高，这让我们备受鼓舞。

还有一个同样令人鼓舞的发现，大多数 TLLP 项目都提到了与 TLLP 团队外人员分享知识的重大益处。在 TLLP 项目最终报告样本的分析中，94% 的项目提到了 TLLP 项目共享的知识和实践所带来的益处，这些知识和认识对于那些已经获得和 / 或参与了知识和实践的人来说都是有益的。大范围的学习分享帮助了近 1/3（30%）的人在实践中实施改革；也有同样多（30%）的人受到启发，想要改变未来。知识交流还有一个额外的好处，就是提高自我效能感和增强社区意识。

经验教训

本章重点介绍了五大理念，帮助教师在大范围人际网络中实现发展、领导、分享知识和实践。第一，TLLP 颠覆了教师主要是"外部"专业新知识的接受者这一观点。相反，教师可以是互动（共同）发展及分享知识和实践的领导者与动员者。第二，虽然 TLLP 涉及教师主导改革，但系统支持能提供培训、资源、在线和面对面交流的机会，以促进更广泛的知识交流。第三，知识共享需要个人的发展，让隐性知识显性化，去私有化；形成以教师为主体的团队，并在其他教师群体之间共享知识；为专业网络的关系发展和互动，将知识和实践扩展到个别课堂和学校之外。第四，知识交流的方法包括关注专业学习的协作和交流，以面对面、在线和出版资料的方式共享信息。第五，知识交流的实质是很重要的。开发和共享已经整合到可操作资源中的优质内容（特别是课堂材料），有助于其他教师应用知识和适应实践。这是一项复杂而富有挑战性的工作，但教师领导者找到了一个途径，并且在专业上受益，也让更多的参与者和受到影响的人从教师的知识、理解、技能和实践的改进中受益。

TLLP 项目实例：PKE 案例研究

PKE 有助于研究知识交流、分享学习和实践的方法，形成更广泛的影响和创造长期可持续性的前景。下面的案例研究考察了 TLLP 项目发展成 PKE 项目的经验和影响，将 TLLP 项目发展成 PKE 项目，是为了更广泛地分享专业学习，让其对专业实践和提高学生学习更具影响力，也更具可持续性。

PKE 案例研究 1
通过他们的眼睛：记录幼儿园识字与学习项目（DLLK）
伦弗鲁县天主教学区教育局（RCCDSB）
由朱埃尔·罗德威撰写的 PKE 案例研究

2015 的春天，我去了安大略东部渥太华河谷地区的彭布鲁克，一个大约 2.4 万人的小城市。2014—2015 学年的 TLLP 省级知识交流项目的教师领导者会面在那里举行，我见到了朱莉娅·格雷登、艾莉森·雷德利－沃尔特斯和凯尔·格里森。两次访问该地区的过程中，我花了三天时间与这些教师领导者和他们的同事一起认真了解他们的课程。我采访了朱莉娅、艾莉森和凯尔，以及两位负责该项目的主管、最初支持（并一直在支持）该项目的校长，以及参与该项目的教师和幼儿教育工作者。访谈时，我的问题集中在三个方面：①参与活动对教师专业学习、领导力技能和经验的影响，以及对学校其他成员（即家长和学生）的影响；②他们如何在校内分享学习成果，包括采用了什么方法、取得了什么样的成功和／或面临什么样的挑战；③除了与工作可持续性相关的问题外，对 TLLP 领导者、参与者、学校、学区和广大社区的长期影响是什么。我记录和转录了大约 5 小时的对话，以便了解这一专业学习活动中的成功、挑战和整体状况。除了访谈之外，我还参加了两个由朱莉娅、艾莉森和凯尔主持的全天研讨会（其中包括 50 多位教育工作者），我在研讨会上做了详细的现场记录，这些记录也为本研究提供了信息。接着，我使用整体和描述性编码方法（Saldaña，2013）对这些转录本和现场记录进行分析，本章就是由这些分析结果构成。

背景

伦弗鲁县天主教学区教育局（RCCDSB）是安大略省 29 个公立天主教学区之一，它位于安大略省东部，距离加拿大首都渥太华以西大约几小时车程。RCCDSB 是一个小型学区，为大约 4600 名儿童和青少年学生提供服务，他们大多居住在 7851 平方千米的广大农村社区。与安大略省许多学区一样，RCCDSB 为不同的学生提供服务，学区内有相当比例的军人家庭。由于父亲或母亲要服兵役（通常在海外），这些家庭中有许多都是暂时单亲家庭，这一特点也带来了特殊的挑战。学区总共有 22 所学校（19 所小学、2 所中学和 1 所特殊中学），此外还有 1 个青年家长支援项目和 23 个三部分课堂社区，为有特殊需要（如心理健康、行为问题）的学生提供服务，需要解决的问题超出了正常学校环境中可以解决的范围。2014—2015 学年，该学区全面实施了安大略全日制幼儿园计划，其中有 26 名早教工作者（ECES）和 35 名幼儿园教师，为约 350 名小小班幼儿园学生和 386 名大中班幼儿园学生提供教育。自 2010 年以来，RCCDSB 的 TLLP 资助了一系列不同主题的项目（如课堂技术、初等算术）；然而，通过他们的眼睛：记录幼儿园识字与学习项目（DLLK）是第一个通过 TLLP PKE 获得资金的项目。

项目说明

DLLK 项目的重点是将技术融入幼儿园课堂，记录和帮助学生学习。它的核心是培养教育者（即教师和早教工作者）利用数字技术创建电子档案袋，将其作为保存教学文件的手段。项目目标是让学生在一天中的不同时间使用 iPad 拍照，并制作关于他们参与活动的视频和 / 或录音。这些资料将成为每个学生电子档案袋的一部分。因为教师和学生能够使用 Apple TV（或其他"智能"电视技术）轻松地与班级实时分享工作，这些学生每天都会和同学分享学习"文档"，这有助于鼓励学生反思以前的学习，并制订未来的方向和学习目标。电子档案袋的使用让学生可以：①反思自己的工作和学习；②积极记录自己的成功；③检查自己的进步和学习；④根据记录下的内容和教师给出的标准对未来做出决定（Teach Ontario，2015）。

最初的 TLLP 项目是由阿西西天主教小学圣弗朗西斯的四名教师（包括朱莉娅、艾莉森和凯尔）发起的，当时他们正面临着实践上的问题："我们一直在努力确保不会因为过于繁忙的日程而忽视了某个学生，我们 3~5 岁的孩子（学生）有四位教师：音乐教师、法语教师、法语辅助教师和正规的课堂教师。我们只是想在同一波段上。技术似乎是我们的答案"（TLLP/PKE 教师领导者）。技术的使用和电子档案袋的创建提供了有效的方法来建立和维护稳定的沟通以应对这些挑战。通过省教育部提供的在线学习平台 D2L，教师能够使用每天在教室内拍摄的图像和视频为每个学生创建受密码保护的电子档案袋，这些档案袋在世界上任何有互联网的地方都能看到。因此，这种混合的学习环境（课堂和在线）为家长、教育者和学生提供了相互参与的途径，有助于学生的成长。

基于最初 TLLP 项目的成功，项目组申请并获得了 PKE 资助，让他们可以与 RCCDSB 其他学校的幼儿园同事分享学习成果。PKE 项目的目的是培养将数字技术作为教学工具纳入幼儿园课堂中的能力，以便记录学生的学习情况。项目协调员组织了四次专业发展会议，帮助同事学习。PKE 活动资金让教师领导者可以通过全天面对面的专业发展研讨会，帮助同事探索和学习教学文件。这也为参与项目的 65 名 RCCDSB 教职员工和管理人员之间的交流和合作提供了宝贵的时间。此外，该项目还创建了在线资源库，教师和早教工作者在此持续共享资源。

分享学习

DLLK 项目的共享学习方法在很大程度上依赖于网络学习社区的发展。领导团队确保来自各个学校的参与者（例如，3~4 名教师和一所学校的早教工作者）都参与了 PKE 计划。这样就能发展个人、学校层面的学习社区，教师和早教工作者可以一起工作，互相帮助，利用数字技术实现家庭、学校环境中的教学文档记录实践。此外，学校一级的小组将作为学习社区聚集在年度 PKE 研讨会上。正如一位 TLLP/PKE 教师领导者所说：

> 当你试图学习这些新东西的时候，如果有人和你一起做，或者有人对你说，"你记得某某说过……"或者"你还记得怎么做吗？"这让学习变得更加有趣，充满互动，当你可以与关注它的人分享时，学习就会变得更加令人兴奋。

PKE 的方法培养学校内部和学校与学校之间交流的能力，让教师在教育之旅中相互支持。教师们报告说，在联系学区特别任务教师（SPATS）之前，他们互相寻求专业知识和建议，以解决可能遇到的问题：

> 如果遇到问题，我们就会去那些参加过研讨会，从实践过相关方法的人那里寻求帮助，然后再去找"特别教师"。我们试着用之前学到的知识来解决问题，基本上能找到解决问题的方法。
>
> （教师参加者）

在学校内部以及学校之间的幼儿园教室之间建立一个社区确实有好处，教师和早教工作者认为他们可以给其他学校"发电子邮件或打电话"（教师参与者），因为他们觉得"每个学校至少会有几个人知道怎么做"（教师领导者）。

这些学习社区中存在着普遍的共同学习文化。无论在大范围系统内的职位如何（即无论是教师、早教工作者、特别教师、学校或校区行政人员），在这样一个可以接受（甚至鼓励）失败、人们"有时间练习和玩耍"（TLLP/PKE 教师领导者）而不用害怕被他人评判的环境中，每个人都在学习和交流。PKE 项目期间，致力于解决个人实践问题的教师小组聚在一起，分享学习，并从同事的经验中学习。正如一位教师所说："我只是来这里和其他人分享和学习。"一位早教工作者恰如其分地指出，DLLK 这一 PKE 项目"真正由我们而发，也为了我们而发"。领导团队强调，尽管可以通过 TLLP 项目分享初步学习，但 PKE 的目标是围绕集体知识共享的重要性来扩展思想，确保小组中的每个人都理解他们的知识和经验是有价值的，值得与整个小组分享。其中一位教师领导者明确指出，领导团队试图采取共同学习的姿态，告诉我们："你们在课堂上都做得很棒，我们可以从中学习和受益。"

PKE 专门会议为教育工作者提供了必要的空间和时间，以便彼此互动并在课堂上实践他们正在做（或计划做）的事情。重要的是，它提供了空间，让社区在持续的学习周期中建立意识和提供支持，这是成功地将这一举措推广到（几乎）所有幼儿园课堂的关键因素。

学区提供了许多支持，确保 DLLK 项目的成功。最初，"一些系统 [校区] 强调了正在进行的工作……相当大程度地传播了这个概念"（局长），这让人们通过最初的 TLLP 项目，对 PKE 之前的成效产生兴趣。学区也是 PKE 项目的重要支持者：

> 我认为教育局（学区）给了大力的支持。他们认识到我们所做之事的价值，认识到我们教育工作者的专业知识……这意味着一个坚实的支持体制在对我们说："我们能做什么来帮助 TLLP 运行？帮助 PKE 运行？"
>
> （TLLP / PKE 教师领队）

学区领导在这一过程中也站在共同学习的立场，支持教育工作者的学习。这不是严格的自上而下的学校方案执行模式。学区行政人员声援和鼓励教师领导者为幼儿园教师发展有意义的专业学习。他们支持该小组专注于建立知识深度（而不是广度），以响应该区域内存在的各类学校的独特学习需求。他们采用循序渐进的方法，允许教师和早教工作者"一件事一件事来……[和] 慢慢地、稳步进行"（教师）。教师和早教工作者报告说，他们很感激自己能够专注于试验这项技术，因为他们改变了自己对技术的看法，从"课堂中的技术就是使用游戏应用程序之类的……[到] 把它变成学生使用、记录、建立文档和资料的工具"（早教工作者）。最重要的是，他们也重视练习和玩耍的自由，而不用担心他人的评估。"教师评估没有检查表；你可以这样做，也可以那样做，因为不会有人打你的小报告。"（教师）这种学习环境的开放性似乎使参与者能够更自由地参与学习，而不是在项目结束时对他们的进展进行正式评估。所有 TLLP / PKE 参与者都认可并赞赏这种专业学习能够得到机构组织的支持。

尽管有了这些支持和良好的构建，团队在 DLLK PKE 项目中共享学习方面还是遇到了挑战。为了发展和组织有效的 PKE 研讨会，时间是需要克服的主要障碍：

> 时间……是最重要的。我们是说，如果没有她（教师领队）那样的职位，我们要做得像她那样出色或全面，将是一项非常具有挑战性的工作。
>
> （TLLP / PKE 教师领队）

最初的 TLLP 项目教师负责人之一现在在学区办公室担任"特别教师"，在解决时间冲突方面，她发挥了重要作用。她现在的职位不受教育职责限制，也不需要与学区周边学校保持时刻的联系，这种灵活性和联系学校的便利性帮助团队组织了有效的 PKE 会议，以满足周围参与者的需求。

通常情况下，资金也对该小组的工作构成了挑战，特别是当许多教育工作者都希望参与该项目时。有负责人指出："当人们（教师）申请（参与）时，我们必须找到其他资金……所以我和一位主管同事讨论，并找到了其他资金来源，但还有一些（人）我们无法引进。"我们需要额外的资金来支付教师的代课费、乡村社区学校教员的旅费、能举办 PKE 研讨会的酒店、相关设施及技术等。尽管该 PKE 项目获得了资金，但对资金的需求已经超标。好在学区重新安排了一些其他资金，以支持对该 PKE 计划感兴趣的大多数教育工作者参与专业学习。

人们对 DLLK PKE 项目真正含义的误解也存在一些挑战。许多人，包括当地和省内其他社区报道该项目的媒体，都认为该项目的主要重点是发展 21 世纪的学习技能，因为它们与学生使用数字技术的能力有关。这并非完全不正确。然而，从参与该项目的从业人员角度来看，真正的重点是培养学生记录和理解自己学习过程的能力（前景），而数字技术是用来记录这些教学过程（背景）的工具。此外，试图在自己学校实施这种学习的教育工作者，身边的同事却持怀疑态度，他们认为这是当前教育的潮流或最新趋势，而不是可以帮助他们解决课堂上遇到的实际问题的工具。一位早教工作者说：

> 我认为有两种声音。一种声音说："这只会给我们带来更多工作。"另一种声音，我认为我们所有人都将认为这使我们的工作变得更容易了。我们只要继续往前走，解决问题。还有很多事情要解决，我们仍然需要继续这个项目，因为这将使我们的工作更有效率。这将使我们更容易记录学生的学习情况。

最终，教师和早教工作者向同事展示自己正在进行的项目（将其分解为与课堂教学法一致的明确步骤），尽可能让同事参加相关的专业发展活动，完成自己原本定下的专业实践目标，人们的误解才逐渐消除。

尽管存在这些挑战（最终都能被克服），但知识的传播扩展到了 PKE 初衷的范围之外。DLLK 项目促进了学校内部的共享文化，许多教师正在与没有正式参与 PKE 的同事分享学习成果。一位教师评论说：

> 其他教师看到这些项目成果非常激励，然后也想参与进来……我们帮

助了很多有兴趣的人，并向他们展示了如何开始，这真的是口碑的效果。

另一位教师说："作为一名教师，当你看到（学生们）能做什么时，很难不与他人分享。"分享的对象不仅仅局限于其他教育者。教师们对能够与学生家长分享学生的学习成果也同样感到兴奋：

> 对于我来说，最吸引我的一点是分享。学生们可以带东西回家和父母分享，因为我总觉得父母会想："我的孩子白天在做什么？"作为一个家长，我很好奇自己的孩子在学校做了什么。当他们（孩子）回家分享这些东西时……（他们）也展示了我在学校做的事情。
>
> （教师）

分享的热情和兴奋是这种学习的核心，尤其是与家长分享。

总的来说，在 PKE 研讨会中教师的需求得到了积极响应，教师们表达了强烈的赞赏。他们赞赏 PKE 领导团队花时间征求学习社区所有成员（教师和早教工作者）的反馈，并利用这些反馈为 PKE 后续研讨会的组织提供信息。一位教师积极地解释道：

> 好吧，他们经常问这个问题："你想在下一届 PKE 会议上看到什么？你想进一步了解什么？"他们确实会查看（调查反馈）并跟进。

另一位教师强调，她赞赏 PKE 研讨会的共同学习体系，在这一体系中，教师和早教工作者相互学习，而不是传统的严格的自上而下、站着讲课这种专业发展模式：

> 通常在专业发展方面，主讲人和所有的教师坐在一起……大多数时候，我们都是（安静地）互相（在一旁）谈论课堂经验，从中学习。而在这里，我们可以大声地说出来。是的，我们相互学到了很多，但我们没有那么多机会去实践。
>
> （教师）

与会者一直在谈论相互学习的好处："而且（其中一位教师）让人们上去（在小组前面）谈论他们在做什么和如何做。对于我来说，这是最好的学习"（教师）和"我喜欢他们（领导团队）让房间里的人相互介绍"（教师）。与会者基本都认同，DLLK PKE 研讨会是许多教育工作者参加过的最好的专业发展项目之一。

影响和结果

专业学习是教育工作者实践的重要环节，通过 TLLP 和 PKE 参与 DLLK 项目，对学区幼儿教师和早教工作者的学习产生了有益的影响。最初，教师领导者"面对的现实是，（尽管他们希望项目）是关于专业发展和教育学……但在某些时候仍然需要指导。他们需要技术方面的指导"（局长）。PKE 研讨会将学习如何利用数字技术编制教学文件，与如何使用在课堂上可以使用的各种应用程序结合起来并给予指导。虽然专业学习的内容很重要，但教师们也经常谈到，分享和学习彼此经验和专业知识能够鼓励对话以及知识分享和创造："我们一起互相学习。"（教师）这种分享和学习实现了实践的去私有化，开辟了新的学习空间，强调了学校内部和学校之间的人力和社会资本。自由探索而不受责罚，失败也是被允许的，这让参与者以自己的方式参与技术，寻求同事的知识和经验，帮助他们发展自己的专业知识。这种学习方法与每个人都相关，并强调不管学生的知识处于什么阶段，使用数字技术都可以记录学生课堂学习的"动手能力"。教育工作者认识到，尽管参与"是自愿的……但远不止如此。每个人都迫切地想加入其中"（教师）。

每次参加 PKE 研讨会的学校都派出了多名教师和早教工作者，继续培养团队所有成员之间的共同学习文化。一年来，他们在 PKE 研讨会上相互帮助："这也是一个很好的模式。让开放式课堂教师团队能够深入研究，收获工作经验或想法，然后再回去。我认为这也很有效。"（教师领导者）最重要的是，教师们开始讨论 PKE 参与者是如何影响自己学校同事的学习。一位教师描述了她与同事的经历。这位同事起初并不希望使用技术，但在目睹了这位教师的幼儿园课堂所发生的事情后，她改变了主意：

> 这就像那一点星星之火，现在那位同事的课堂上，也配备并使用了技术。这样一位原本反对使用技术的拥有 15 年教龄的教师，技术如今在她的课堂上必不可少。

（教师）

PKE 项目对教师和早教工作者在专业学习方面的影响包括：①公开每个参加者的知识和专业技能；②创造开放的学习环境，鼓励相互学习，而不是让"专家"在讲台上讲课（教师认为这是无效的）；③为试验和错误提供反馈，使教师的个人实践更加清晰；④将 PKE 研讨会进行的专业学习延伸到家庭学校等大范围，参与的教育工作者在模拟和指导同事时将技术纳入课堂实践。

参加 DLLK PKE 项目后，教师的知识、技能和实践都有了变化。最大的转变是教师使用的数字技术，从"传递类技术"（如游戏应用程序、投影材料）变成了使用技术，作为帮助学生学习的教学工具。正如一位教师详细阐述的那样：

> 我喜欢这些人（TLLP 教师领导团队）一开始就明确了项目重点，他们的 TLLP 扭转了课堂技术使用的趋势，让技术从游戏应用程序之类的东西转变为学生使用、记录、建立电子文档和相关资料的工具。

> （教师）

参与者讲到他们以前使用技术作为课堂教学强化手段时，就是使用各种学习应用程序来练习课堂上讲的内容。然而，在参加了 DLLK 研讨会之后，特别是在协作学习社区中学习和发展了技术技能之后，技术现在是个"学习工具，孩子们积极参与使用技术来学习"（教师）。此外，教师也开始谈论如何确定和解决日常工作中遇到的实践问题。对自身的知识和技能越来越熟悉之后，教师不仅越来越清楚什么时候向谁求助，而且教学团队在应对教学挑战时，技术的使用也越来越频繁。事实上，这正是最初的 TLLP 项目动力，教师领导者"寻找解决当前挑战的方法，收集新的信息，找到共享信息的方法"（TLLP/PKE 教师领导者）。同样地，当参与的教师和早教工作者开始发展自己的技术技巧，并认识到自己的专业领域技能时，他们也开始转向使用技术来解决实践问题。此外，教育工作者对大范围社区越来越重视，学区内外对他们工作的认可度不断提高，促使了所有人的进一步学习（不仅仅是 PKE 研讨会的参与者在进一步学习）。一位校长谈到，成功的项目激励了其他人开展类似的学习之旅：

> 所以大家都很关注这些教师和早教工作者，其他教师看在眼里，心里想着"嘿，如果他们能做到，我们也能做到"。这就是这件事的价值。

> （校长）

最初的 TLLP 和随后的 PKE 的经历对最初创办 TLLP/PKE 的教师领导者和 PKE 研讨会的其他参与者群体都产生了积极的影响。一位教师领导者之所以参与项目，是因为她想要攻读研究生学位，并在学区担任"特殊任务教师"职责，她解释说："老实说，如果没有这个 TLLP 项目，我想我不会走到今天的位置，TLLP 引导了我。"其他人谈到，TLLP 和 PKE 项目让他们有机会成为自己学校有影响力的教师领导者。该项目的其他教师领导者还讲到，参与 TLLP 影响了她的专业实践：

> （它）让我不用跳槽就能成为一名领导者……我不用为了当领导者而单
> 独找一个管理岗位。我感觉非常好，这个领导者角色是省教育部和委员会都
> 承认的。这并不意味着我未来不会改变自己的想法，但我很高兴能当一段时
> 间的领导者。
>
> （TLLP / PKE 教师领导者）

除了 TLLP 和 PKE 的正式教师领导者职位外，其他教师也谈到了在学校中感觉到自己是"教师领导者"的类似经历。一位自称自己"只想待在教室里做自己的事"，不想"和一大堆人交谈"的教师，讲述了参与 PKE 项目并发展了教师领导者角色的转型经历。她说：

> 今年，因为我在这里（PKE 研讨会）进行短暂的十分钟展示和学习，我
> 当时非常非常紧张……老实说，我不是擅长分享的人……我胡乱结束了自己
> 的分享……我后来在 EOCCC（东安大略天主教课程公司）和渥太华的另一
> 个会议上发表了演讲，我其实只是简单说了几句话。现在我肯定地说我已经
> 成为我们项目的领导者。
>
> （教师）

总的来说，参与者报告说，通过 TLLP 和 PKE 的经历，他们开始"感到作为一名专业人士，自己非常有价值了"（TLLP/PKE 教师领导者）。通过相互分享学习，教师和早教工作者正在发展自己的知识和专业技能。一位教师解释说，这是领导者意义的关键部分："我认为做领导者就是对自己的知识充满信心，知道自己在做什么"（教师），另一位教师通过自己"几

个月来"的经历证实了这一点。因为感受到了力量，感受到了高度的被信任，教师们正在体验"四五年前基本没有达到的专业化水平"（一位校长）。

DLLK 项目的好处不仅体现在教育工作者身上。课堂上使用数字技术对学生的参与和学习也有积极的影响。教师们很快就开始把技术作为课堂上的学习工具，"甚至学生们也在利用教室里的技术来记录自己的学习，这几乎是无缝衔接的"（局长）。教师、早教工作者和学区领导者报告说，学生的课堂参与更热情，也更独立。教师领导者谈到了对学生参与的看法：

> 孩子们喜欢分享学习。他们在电视上看到自己的照片或完成的作业照片时，都很开心。他们喜欢向别的孩子解释照片里的东西……大多数学生喜欢解释为什么这张照片很重要，解释他们是如何制作这个东西的，解释照片上可能出现的任何东西。
>
> （教师领导者）

另一位教师通过认识到技术在当今学生生活中的重要性，由此来定位自己的学习：

> 对于我来说，这就是我们在技术方面的现状，所以我想知道自己可以在课堂上和学生们一起做些什么新鲜事，因为他们的生活是基于技术的。他们已经知道了很多新技术。
>
> （教师）

所有报告都写到，学生的参与度有所提高。见证学生的成功和参与，也增加了教师的参与度和兴奋感。

家长也经常被认为是教师使用学习技术记录学生学习的受益者。一位参与 DLLK 项目的教师讲述了她同时作为学生家长的经历，自己孩子的教师在课堂上利用数字技术：

> 我也是学生家长，孩子们有这些在线课程，什么都有，他们激动地说："教师说今晚在在线课堂上课，我们可以看看（它）。"对于我来说，我的另一重身份是家长，看到孩子们在家里这么兴奋……能看到两个方面的

效果真的很好。

（教师）

然而，平衡家长的期望和系统的能力一直是挑战，这些挑战是由课堂上较多地使用技术这一举措引起的。教师如何使用学习技术，每个家庭的态度不一样。教师可以选择是否将技术工具作为其日常实践的一部分。因此，学区必须满足家长的期望，因为家长希望随着孩子的成长，课堂上也能继续使用高水平的技术。教师们还谈到，由于将数字技术纳入日常实践，他们与家长的交流／互动水平有所提高。特别是，他们报告说能够进行更详细的交流，这让家长能更好地理解学校发生的事情："我发现我现在甚至更多地和父母交谈……一旦孩子们上了校车回家，我就可以坐下来，给父母发一封真材实料的邮件。"（教师）另一位教师解释说，"这是一个很大的变化（家长沟通）。以前他们可能有很多问题，但现在家长了解得更多了"。另一位教师谈到，由于了解了更多，家长有能力提高孩子在家里的学习效果：

> 我认为这也有助于家长帮助孩子学习学校传授的知识，因为他们看的视频和我们在课堂上给孩子们播放的一样。出于某种原因，孩子们喜欢向父母展示在线课堂上的这些视频。

技术还帮助军队家庭建立了特殊联系，这些家庭在该地区社区中占很大比例。该学区的许多学生家里只有父亲或母亲，另一位家长在军队服役。尤其是这些家长谈到了在课堂上使用技术这样的方式，使他们能够在服役期间与孩子的生活保持联系。例如，一位 TLLP/PKE 的教师说："她（一位服役的家长）说，收到这些最新消息和照片真的帮助她熬过了远离孩子生活的日子。"同样，另一位教师谈到了她最近收到的电子邮件："我前几天刚收到一封邮件……一个爸爸现在不在家中，他在邮件里只是写道：'谢谢你寄来这些东西。想念孩子的时候，我就会看照片，他们很棒。'"数字学习技术的使用为家长参与孩子的学习创造了新的空间，为家长参与孩子的教育提供了新的途径。最终，父母"喜欢在孩子的日常生活中有一个数字窗口……所以这是一个真正的、积极的好事"。（局长）

长期影响和可持续性

在教师领导者层面，DLLK 项目强有力地证明了一小部分教师能够在整个学区发起积极的改革。正如 TLLP 发起人之一，教师领导者解释的：

> 令人惊讶的是，在我们进入 FDK 项目（全日制幼儿园）之前，TLLP 项目是由四名教师发起的。因为这是我们四个人自己完成的，现在它传播到了整个学校，我看到这么多改变，它又由教育局传播到了整个学区……这一切都令人惊讶。

> （教师）

TLLP 小组的成功也鼓励同事申请（并开始）自己的 TLLP 项目。最初的 TLLP 项目使学校校长认识到了这项工作的价值，承认团队的成功对委员会其他教育工作者产生了连锁反应："……其他教师看到了，心里想着'嘿，如果他们能做到，我们也能做到'……我喜欢 TLLP 在学校周围产生并持续产生的能量。"（校长）

参与这项研究的教学人群（包括课堂教师和早教工作者），更加了解技术作为教学工具的潜力，这对他们开展工作的方式产生了积极影响。在有的案例中，教育工作者学习积极，信心随之上升，在学校层面上发挥了更大的决策权，继续推动了教师的积极性和效能感。一位教师谈到她的校长：

> 她给我们几个星期的时间，讨论（关于学校技术的决定）。我们坐下来一起商量，而不是她几乎不了解情况地告诉我们："好吧，这是我们学校需要的。"所以她下放了部分权利，这真的很好。

> （教师）

这样的实例使教师开始转变立场，将自己视为学校内部的决策者——自己的学校。随着教师和早教工作者对课堂技术使用工作越来越有信心，他们也开始认为自己的知识和专业技能在大范围的学校背景下具有价值，并采取措施成为本校的教师领导者。

学区内外越来越意识到教师工作的积极公众形象，对学校产生了其他积极影响。教师不仅成为家庭学校的导师，为那些希望利用数字技术作为教学文件工具的其他教师（即那些不参与 TLLP/PKE 的教师）提供指导，而且这项工作引起的关注也为学校提供了获得更多技术资源的途径，这些做法在校内得到了更广泛的传播。例如，一位教师描述了她参与 PKE 时，是如何让学校的技术基础设施更上一层楼的：

> 我们担心学校的技术资源分配不均，因为去年安大略省教育理事会（Council of Ontario Directors of Education，CODE）的项目给幼儿园提供了全部技术。但我们发现，当他们（学生）升到 1、2 或 3 年级时，这些技术就没有了。但是现在有了 TLLP……学校理事会也加入了进来，校长也加入了，他们也确实让每个年级都参与进了项目。这对整个学校都是有益的。
>
> （教师）

然而，在学区层面上，仍然存在着挑战，如何确保将重点放在教学方法上，技术如何更加容易上手，如何将技术用作普通的学习工具，而不是非要有一个明确的教学方法目标，这些都是难题：

> 这里真正起作用的是它背后的教学方法，如何确保明年想要加入项目的人是真的为了教学方法的学习而不仅仅是"要让我加入，那给我台平板电脑和四台 iPad"。
>
> （局长）

教育工作者在 TLLP 和 PKE 等项目的成功经验给学区带来了压力，学区须寻找未来的资金，确保工作在整个系统中的推广和维持。除了对项目资金问题的关注外，局长们还发现了新的挑战，即如何通过这类项目，让校长了解和理解正在发生的事情："（这是）如何让校长了解教师在这个项目或其他项目中做了哪些工作的问题。这也是如何让项目一直维持下去的问题。"（局长）因此，在解决项目的可持续性时，行政结构内的资金和知识共享是需要克服的挑战。

TLLP/PKE 的重要成果使家长对孩子学习的热情提高，参与度大增。教师报告说，与家长进行更加一致的互动，使家庭更容易获得和了解孩子在学校的学习：

> 与家长的互动不再是设立一个一学期一次的家长／教师座谈会……而是
> 定期参与，这样家长就不会每次一看成绩单就感到惊讶。因为有了照片和通
> 讯册上的笔记，家长不再对学生的成绩一惊一乍。一张照片胜过千言万语，
> 然后加上一个小小的标题，你就能看到你的孩子在哪里。所以我发现父母的
> 参与是很好的……你会收到即时信息。

通过这种方式，"家长们看到的东西比以前多得多"（教师）。亲眼见证技术作为教学文件工具好处的家长们，希望这个方法能一直延续下去，因为"它实际上是进入教室的虚拟窗口"（教师）。结果是家长更多地参与进了孩子的学校教育和大范围的学校社区，这有望继续推动 DLLK 的项目优势，因为它延伸到了学区内的其他年级。

DLLK 项目提供了 TLLP 行动的示范。最初的项目，从一所学校的小部分教师发展自己的专业知识和能力，利用数字技术解决他们在记录学生学习过程中遇到的挑战，到为几乎整个学区的幼儿园教育工作者提供系列的四部分研讨会，DLLK 项目清楚地体现了 TLLP 项目的专业学习、教师领导力和知识交流的目标。在这个项目中，充分的证据证明了教师正在进行专业学习。正如他们自己所说，许多接受采访的教师和早教工作者认为，参与其中是他们职业生涯中最宝贵的专业学习经历之一。除了创造自己的专业技能外，他们还能分享现有知识，这也是专业发展机会珍贵的一点。此外，参与工作的教育工作者和行政管理者一直在肯定学区内分享教师和幼儿教育模范实践的价值，这不仅是在学校教职员工之间、家长社区内部得到了肯定，最重要的也是学生本身新的活力和热情的来源。最后，DLLK 项目不仅让参与该项目设计和实施的教师领导者能够发声，而且也让那些为自身学习而采取措施成为教师领导者的参与者表达了想法。RCCDSB 的 DLLK 项目让教师有机会管理自己的开放实践空间。在学区内，利用集体智慧和专业知识，让教师成为专业人士，承担课堂风险，探索自己学习者和领导者的身份。

PKE 案例研究 2

数学均衡发展 PKE 项目

西姆科县学区教育局（SCDSB）

PKE 案例研究，索菲亚·马利克

关于 PKE 案例研究

本案例研究整合了两个专业学习课程的观察结果；采访了教师（5 名参与者）、校长、

局长和 PKE 团队（3 名参与者）；审查了项目文件和资源。

背景

数学均衡发展项目（BM）是安大略省布拉德福德市西姆科县地区学校委员会菲尔德克雷斯特小学 TLLP 项目的一部分。西姆科县地区学校委员会位于安大略省中南部，是一个横跨 4800 千米的城乡结合学区。由 85 所小学、17 所中学、7 个学习中心、超过 6000 名员工和大约 5 万名学生组成（SCDSB，2014）。

2012 年，菲尔德克雷斯特小学的 6 年级教师克里斯汀·马斯喀特 - 芬内尔领导了 TLLP 和 PKE 项目。克里斯汀对数学的热情激励她把 BM 项目带到教室和学校里。她的兴趣可以追溯到 2005 年，李·斯帕林的教学方法激发了她对 BM 的兴趣。当时，还在西姆科县地区教育局工作的教师李新创建并发布了名为 "Balanced Math" 的资源。2006—2009 年，克里斯汀和学生们在所在小学获得了巨大成功，她想要把这一成果分享给其他人。BM 项目最终从小型 TLLP 项目发展到 PKE 项目，涉及西姆科县地区教育局下属的 8 所学校。到 2013 学年，共有 15 名中小学教师参加了 BM 计划。挑选学校和教师的基准是学校和校区各级行政人员是否愿意参与，有没有"准备好"。

2013 年，克里斯汀·马斯喀特 - 芬内尔领导 PKE 团队，得到了特殊教育资源教师达雷尔·巴克斯和菲尔德克雷斯特小学 8 年级教师斯蒂芬妮·斯凯尔顿的支持。团队成员为项目带来了技术、教学方法、领导力和项目管理等综合技能。除了充满凝聚力的共同运作之外，团队还得到了现任和前任校长的大力支持，以及教育局局长的关注。

2013—2014 年 TLLP 峰会上，克里斯汀发表演讲后，BM 项目的实施迎来关键时刻。当时西姆科县地区教育局注意到了项目的成功，希望在其他学区推广 BM 项目的实施。作为负责人的安妮塔·辛普森回忆说：

> 我们看到了很好的实践效果和积极反馈，教师和学生真的参与其中，所以高层决定将项目推广到学区内数学领域领先的部分学校，因为三步骤数学设计是数学学习的基础部分。

学区致力于学校能力建设，支持 BM 项目的数学教学。辛普森解释说，他们有意选择 2013—2014 学年度的学校，当时有 45 名教师参与，共有 15 所学校，包括几所中学。接下来的一年，申请 PKE 时，BM 项目的重点多了两个：①实行教师导师制；②项目范围包含幼儿园至一年级学生。辛普森将该项目的成功实施归因于循序渐进："项目每年都在继续，这是很好的渐进式发展。所以我们实现了推广，虽然缓慢但效果显著。每年都没有什么极端措施，但是我们的方法真的有用。"截至 2014—2015 学年，共有 18 所学校参加了 BM 导师制 PKE 项目，16 所学校参加了 BM 幼儿园至一年级 PKE 项目。

尽管项目取得了成功，但在实施过程中遇到了一系列社会和政治挑战。首先，学校是否愿意参加 BM 是挑战。为了解决这一点，PKE 团队与工作人员共同开发课程，为有需要的学校提供支持。其次，有的学校缺乏资源。为了解决这一点，PKE 团队向这些学校共享资源，根据需要订购额外资源。iPad 有时会出现技术问题，这是资源配置带来的挑战。PKE 项目团队向 Apple Care 寻求帮助，以解决技术问题。

项目说明

BM 提供机会，让人们在有吸引力的互动学习社区中进行建模、指导、共享和独立的数学体验。进行三步骤课程，包括开放式问题和设定平行任务，是西姆科县地区教育局的基本实践，通常是进行 60~70 分钟的数学教学。那些使用 BM 项目作为进一步巩固和实践策略的课堂，通常每天会额外进行 20~30 分钟。某些中级课堂，BM 每周进行一次，持续 100 分钟。

案例：

1. 全班授课（60~70 分钟）
进行三步骤课程讲授新概念（使用开放式问题和平行任务）。
布置或完成综合习题。

2.BM 轮换（20~30 分钟）
引导学生进行 BM 轮换，每个学生独立进行。

3. 可选的后续工作时间（15~20 分钟）
如果三部分课程没有完成，学生可以独立完成巩固课程的任务。

根据 5~6 天的轮换，学生被分成 4~6 组。每天，小组通常参与以下 BM 活动之一：

◆ 指导数学/问题解决

◆ 共同解决问题

◆ 独立解决问题

◆ 填写数学日志

◆ 数学游戏

◆ 数学事实

◆ "分享财富"——整合全组知识

教师可以选择将 BM 轮换纳入每周课程计划中。这些轮换应考虑到差异化的教学计划。

本课程的主要学习目标包括通过增加学习机会来巩固和提高学生的数学成绩，同时兼顾顺畅的教学程序和问题解决；通过学习数学程序，利用数字技术帮助幼儿园到 9 年级的差异化教学和评估。西姆科县地区教育局的学习计划中，基本实践的重点是通过差异化的教学和评估，利用技术促进和提高学生的学习，通过对数学程序进行教学，以及通过使用三角评估法进行学习。

分享学习

我们研究了 BM PKE 的专业学习、教师领导和知识交流。

专业学习

2012—2013 学年，BM PKE 团队向 SCDSB 教师分享了他们的模式，即三个部分专业发展系列（2.5 天），该系列将项目目标与地区和学校改进计划的优先事项相结合。第一次专业发展研讨会向教师、教练和行政管理者介绍了 PKE 项目和学习目标，最终形成实施计划。第二次专业发展研讨会包括分享成功和挑战经验、学生工作展示、如何调节学生工作以及更多的战略合作。最后的专业发展研讨会是高潮部分，包括学生工作的适度性，衡量项目的方法，以及如何进行进一步的分享。在最后一次研讨会中，每位教师都要为 BM 资源活页夹的收集提供样本教案。研讨会期间，还鼓励教师学员编写材料，以便与工作人员一起开发研讨会材料。

教师通过合作学习是研讨会的基础。在 2013 年 PKE 团队提出的模式基础上，2014—2015 学年举行了类似的研讨会。每次会议都能及时交流思想和共同规划课程。项目团队重视这些机会，因为他们认为教师在日常生活中往往缺乏与同事讨论想法的机会。教师作为领导者、促进者和资源提供者，与学校其他工作人员分享知识。

教师领导力

最典型的教师领导力出现在项目团队中，特别是 PKE 项目领导。自菲尔德克雷斯特小学实施 BM 项目以来，克里斯汀被借调到教育局办公室，担任幼儿园至 8 年级的数学辅导员和教学资源教师。菲尔德克雷斯特小学继续作为专业发展研讨会的"基地"，提供示范课堂。示范课堂是教师互相分享学习的示例，展示了 BM 项目的实际效果。2015 年，克里斯汀被任命为欧内斯特坎伯兰小学的副校长。在此期间，她继续参与 BM。2015 年，加拿大教育协会（CEA）承认菲尔德克雷斯特小学 BM 项目的贡献，颁发了肯·斯宾塞教学和学习创新奖。

尽管核心 PKE 团队中领导力的发展显而易见，但"分布式领导"的模式是指导 BM 项目的核心原则。PKE 领导者解释了团队希望在核心团队之外培养教师领导力：

> 因此，我们意识到，要让项目进一步发展，要让每个人都以自己的方式成长，从 BM 项目中退居二线，我们需要建立更多的系统领导者。去年，有 18 所学校参与其中。我们之所以选择他们作为导师，是因为他们是通过 BM 项目与我们一起学习的教师，他们对项目表现出了极大的兴趣，在课堂上取得了一些成功，并且对这种方法跃跃欲试。

随着 BM 项目的扩展，项目团队采取多层次的方法，通过导师计划实现分布式领导。项目团队的分布式领导方法为专业学习创造了机会。虽然为期两天的 BM 研讨会是方法之一，但项目团队也进行了培训，培养教师导师的领导力技能。教师开发了可在全区范围内使用的培训模块。辛普森谈到，项目团队去其他学校，确定"想要参与项目的志愿者"，发展学校以外的导师关系。她还指出，"选择要素是所有专业学习计划的关键指导原则"。

知识交流在学校内部、附近学校和学区内十分常见。大多数情况下，其他教师是知识共享活动的听众。核心 PKE 项目主要在附近的学校或学校家庭以及学区内分享与 TLLP 相关的学习或实践。除了学区，PKE 团队在安大略省数学教育协会（OAME）和 Connect 会议（一个全国性的学习和技术会议）上分享了自己的工作。

通过校区的 BM 专业发展研讨会和有 18 所学校参与的教师会议进行的知识交流，PKE 团队领导了导师的辅导培训，并设计了由导师合作创建的 BM 数字工具包课程，供学校与同事使用和分享。培训和项目研讨会上使用了各种应用程序，像谷歌的教育应用程序（谷歌教室、表格、表单、文档）也包括在内。

PKE 团队使用多种方法鼓励教师导师在学校的专业活动日或"午餐和学习"期间分享学习成果，数字平台也被用来分享学习成果。其他的分享方式也在大范围的网络中进行着，如安大略省教育网——安大略省公共电视台（TVO）开发的教师在线平台。辛普森解释说，技术的使用是全区教师参与的重要组成部分："利用技术建立社区和创建社区是我们真正关注的问题。"

此外，项目团队还使用在线方法（如最初在 TLLP 期间使用的 Wikispace）分享学习成果，整个 PKE 项目期间还使用 Google Drive 来分享与学区教学实践相关的各种重点教学策略和资源。团队发现，TLLP Wikispace 取得了很大的成功。案例研究中，大约有 100 名教师和行政管理员访问过这些内容。自 2015 年 Connect 会议和 OAME 会议创建 Google 文件夹和团队演示文稿以来，越来越多的校区和省级教师能够访问 BM 资源：包括视频、样本轮换、学习目标和成功标准、评估想法、提示单和学生作业。此外，资源在 Pinterest 上进行管理，并在 BM 标题下共享。现在，项目鼓励教师通过推特标签 #balancedmath 分享学习，并上传到 Google Drive 文件夹中。

PKE 团队、教师导师和其他 SCDSB 教育工作者创建和共享的材料与资源可通过以下链接获得：

网站：

TLLP/PKE Balanced Mathematics Program Page BM 资源

http://bit.ly/balancedmath

http://tllpbalancedmath.wikispaces.com/

http://www.pinterest.com/prd2bcdn77/balanced-math-resources/

视频：

均衡数学入门

http://bit.ly/BalancedMath

数学游戏和数学事实

http://bit.ly/BalancedMathGamesFactsvideo

独立解决问题

http://bit.ly/BalancedMathIndependentPSvideo

共同解决问题

http://bit.ly/BalancedMathSharedPSvideo

引导数学

http://bit.ly/BalancedMathGuidedvideo

数学日志

http://bit.ly/BalancedMathJournalvideo

课本：

李·斯帕林的均衡数学

http://www.teacheasy.net/c378000396p17673259.2.html

PKE 团队鼓励教师和教师导师在推特上使用 BM 标签 #balancedmath。PKE 项目负责人描述了使用推特作为增加学区参与和建设能力工具的情况：

我们使用 Storify 来捕捉和分享学生和教师的学习故事。点击标签，就能看到幼儿园到 8 年级的各年级教师在推特上发布的 BM 学习情况。我们的目标不仅是在本教育局内部建立能力，而且还要在委员会外部进行分享……分享我们的学习成果，并从其他人那里获得想法。

PKE 团队将推特视为补充其他方法的手段，可以促进整个学区 BM 的使用。

PKE 团队还让幼儿园到一年级的学生参与使用推特和其他技术方法，进行学生之间知识共享。教师使用 Easy Blogger Junior 程序，给学生提供开放式的日志问题，通过视频或书面形式记录答案。有的时候，学生会录下他们解决数学问题的步骤；有的时候，学生在数学日志上写博客，写下他们对某些数学问题的思考。PKE 项目负责人相信，通过这些项目，学生们能够"让数学思维清晰可见"。

影响和结果

PKE 项目团队据观察数据得出了项目对课堂的影响，包括提高了学生对数学的参与度，加强了差异化教学实践，增强了教师数学教学的信心和能力，以及在课堂上更广泛地整合技术。一位校长描述了 BM 对学生的影响，将学生的能力与其对数学学习的看法联系起来：

> BM 对孩子们的影响是巨大的。他们对自己的计算能力信心倍增。他们开始热衷于 BM 项目的学习……我的意思是，你会听到孩子们问他们是否会有 BM 课程，是否会进行 BM 活动。安大略省现在很重视 BM 项目和相关学校，以及学生的计算能力，让孩子们有动力去做数学总是一件好事。我个人认为，学生对自己做事能力的信念与实际表现之间有一点相关性。因此，让他们相信自己能在数学上做得很好，这本身就体现在了他们的学习成绩单上。

正如校长对 BM 影响的看法所证明的那样，项目的影响超出了考试分数衡量的范围。总的来说，教师报告说，学生在数学学习中参与 BM 活动的程度很高。

受访者还表示参与 BM 项目的学校参与度很高。菲尔德克雷斯特小学校长戴维·布朗利在 BM 最初实施期间对学校的文化进行了评论：

> 孩子们参与其中，教师也参与其中。当有敬业的员工时，学校就充满动力，不仅是实施 BM 项目的动力，还有其他方面的动力。有积极进取的员工参与，工作会更愉快。

对于 BM 对学生学习、参与和成绩的影响，辛普森也表达了类似的观点：

> 这很有趣，我一次又一次从孩子们那里听到："这太有趣了，我喜欢数学。"他们甚至不想在课间休息期间离开教室。他们想继续玩。孩子们很开心，当你来到教室，看到孩子们在数学课上玩得很开心，你也会很高兴。我们从 EQAO（安大略省学生成绩测试）和参与学校的成绩单数据中了解到，实施这一战略后，学生成绩似乎也有所提高。因此，他们不仅喜欢数学，而且实际上更有效地学习了数学。

几位教师表达了类似的观点，BM PKE 有利于学生的兴趣和参与。

2013 年以来，PKE 项目团队根据研究调查、省级和地方学生成绩结果、参与 BM 专业发展活动的教师的评估表和反馈等各种数据来源，了解了项目的影响并确定了下一步行动。项目负责人列举了成功案例，如广泛使用实践资源，包括"Bump it Up"版面工具，鼓励学生在四个评估阶段中提升级别（如从 1 级提升到 4 级）。此外，项目团队指出，三步骤课程是必不可少的教学实践，其中，BM 能够补充和帮助现有数学计划的巩固。由于 BM 的专业发展和支持，许多教师受访者感到自己的三步骤课程更加有效。PKE 项目负责人认为，影响在于看到了 BM 项目正在加强现有教学实践和学生学习成果的证据。

此外，受访者还阐述了项目通过逐步释放责任、增强对课堂资源和实践的主人翁意识，建设教师能力。教师们称 BM PD 研讨会是"实用的"。他们特别指出了提供资源的即时适用性和实用性。资源包括带有标题的活页夹和 Blackline Masters（可重复使用的讲义）、应用程序、Pinterest 和 Wikispace 的链接。辛普森指出，BM PKE 提供的专业发展是不同的，因为它鼓励创新，由教师驱动，与省教育部专注于创新的重点相符。在了解教师合作方面，辛普森还说，他们已经从教师那里收集了 BM 和导师制经验的非正式反馈。她承认，尽管没有进行正式评估，但非正式反馈很有用：

> 因此，我们没有针对他们的前后体验做任何态度上的研究。我们的研究不是正式的，但教师提供的非正式反馈中提到，能和其他教师一起工作是多么美妙；有导师是多么美妙；有可以交流的人是多么美妙；能公开、开放式谈论我的数学规划是多么美妙……我认为这是值得庆祝的，因为

这并不常见。

通过这种方式，导师制成为数学规划中教师协作的关键组成部分。教师对导师分享和学习给予了积极反馈。

众所周知，数学是安大略省发展的优先领域，该项目满足了这一重要需求。大多数教师认为 Guided Math 可以帮助学生从小组集中的教学中受益。有些教师在课堂上与资优学生一起工作，帮助规划数学轮换。教师参与者还确定了其他有助于成功的因素，即项目团队在被需要时能够平易近人、易于接近和随时为教师提供支持。

技术在学生、教师和学校实施 BM 项目时继续发挥着重要作用。然而，有教师报告说，技术资源的可用性有限（例如学生与 iPad 的比率）。尽管教师经常利用技术来帮助学生学习，但是有很多时候可以不用技术来辅助 BM 项目。项目是灵活的，根据学生需要和可用资源进行调整。时间也是许多教师面临的又一挑战，教师试图平衡项目中的数学课程和常规教学。

总的来说，BM 的主要影响和结果表现在学生对数学的投入程度高、学生数学成绩提高、实用数学资源和策略的发展以及教师合作的增加。

最后，BM 计划进一步发展。截至 2015—2016 学年，SCDSB 已与至少两个对 BM 项目感兴趣的学区进行了会谈。

可持续发展

衡量长期影响和确保项目可持续性是需要发展的关键领域。然而到目前为止，支持 BM 的可持续性主要有三个因素：省教育部资金、学区支持和教师领导力。

首先，PKE 团队承认，省教育部的 TLLP 和 PKE 资金不仅使 BM 项目得以存在，而且让项目能够扩展到整个学区的幼儿园至 9 年级的学校。覆盖面更广，将一些中学纳入其中，可以实现不同年级之间的项目一致性。

其次，SCDSB 已将 BM 项目纳入教育局学习计划。辛普森解释说：“我们之所以称之为教育局学习计划，是为了有意培养学习文化。在教育局学习计划中，学校可以选择是否进行 BM 项目，这是一个互动型的计划。”学区为 BM 提供资金，让教师有机会进行专业学习，也是学区整体计划的一部分。将 BM 项目纳入学习计划，旨在维护项目的可持续性。

最后，分布式领导力和导师模式是确保可持续性的关键。因为领导力发展不局限在 PKE 团队内部，因此更容易建立项目的优势。员工不再有固化的角色和职责，特别是对建立教师导师的重视鼓励了项目在全区学校的推广和普及。

虽然上述因素有助于实现可持续性，但仍需要持续的支持，以确保 BM 项目的实施和在整个地区的实践一致性。

案例研究结论

总而言之，SCDSB 的 BM PKE 项目提供了协作、教师领导力和导师制的模式，其中有许多关键因素有助于学生成绩的提高。整个分享和学习过程中都注意到了技术的使用，从早期使用 Wikispaces 到通过谷歌教育应用程序、iPad、视频和其他数字工具实现教学发展。在学区领导的大力支持下，BM 项目在学校取得了突破性进展，得到了教育局学习计划的支持。BM 项目体现了学生、教师、校长、家长和教育局等各级的领导和协作。BM 项目的灵活性和适应性可满足不同学生的需求，这是成功的一个关键因素。另一个关键因素是 PKE 学习和共享模式的协作性。

SCDSB 寻求创新方法，利用数字资源来吸引学生并改善学习。团队继续整合新的学习和技术，帮助学生学习数学，并将 BM 的最佳实践融入基于游戏的课堂中。

经验教训：通过 TLLP 进行教师知识交流和实践分享

1. 教师可以是互动（共同）发展和分享知识和实践的领导者和动员者。

2. 虽然 TLLP 是教师主导的改革，但系统的支持能提供培训、资源、在线和面对面的机会，促进大范围的知识调动。

3. 分享知识需要以下发展：个人隐性知识显性化和实践去私有化；组建教师小组，以小组形式开展工作，并在其他教师小组之间分享知识；专业网络关系和互动的发展，将知识和实践扩展到个别课堂和学校之外。

4. 知识交流的方法包括关注专业学习的协作和交流，以面对面、在线和印刷方式共享信息。

5. 知识交流的实质是将优质内容分享到可操作资源中并从中受益。

6. 目前为止我们学到了什么

我们的 TLLP 研究是从这样一个问题开始的："如果支持有经验的教师成为自己学习、其他教师专业学习和学生学习的领导者，这些教师领导者会做什么，会有哪些挑战和优点？"从最初的 TLLP 研究中，我们得出以下结论：

证据很明确：教师领导者做了令人惊叹的事；他们创建、创新、实施和分享了一系列项目，这些项目发展了协作性专业学习，改进实践，帮助学生学习；他们的成功是可以看见的，例如改变了教学和评估的专业实践。而且重要的是，他们的领导力、能力和价值方面收获了无形的成果。随着领导所经受的考验和成长，他们需要应对个人、人际关系和实际操作的挑战。他们学习如何合作和分享，传播知识并持续改进实践。他们通过自我指导、教师主导的创新和有效实践的方式来展示他们的专业、教育和经济价值。

（Campbell et al.，2013：52）

现在，在与 9 个教师团队（共 4300 名教育工作者和 840 个专业发展项目）合作之后，我们与 TLLP 合作的成果和经验，让我们对这种重视和支持教师专业学习、领导力和知识交流的方法有了更多的热情和更深的赞赏。我们了解了很多，知道了教师需要学习哪些知识；他们对领导力了解多少；当他们负责教师"归其所有，由其而发，为其所用"的专业发展时，又是如何与学校内外的同事分享知识。证据清楚地表明，TLLP 对教师的知识、技能和实践，以及大范围参与 TLLP 项目学习和实践的成年人群体都有很大的好处。重要的是，学生的参与度、态度、行为和学习也得到了改善。

我们有足够的数据来确定教师工作中出现的主要问题，这些主题不仅有助于了解TLLP 的具体优势，而且有助于了解此类专业发展组织方式的复杂性，获取更多经验教训。让教师能够选择、组织和领导教师的"归其所有，由其而发，为其所用"的专业发展，让学习、领导、协作、分享、传播和持续发展新知识、技能和实践积极主题更具备可能性。证据强烈地表明，教师有能力领导自己和其他教师的专业学习，分享知识和实践，以帮助教育系统实现更大范围的学习和改进。这些证据并没有否定研究者、教育者、领导者和来自课堂外的专家知识的作用和重要性。然而，当学习从那些从事教学工作的人开始，并嵌入到"归其所有，由其而发，为其所用"的专业发展中时，这些证据确实表明了教师的重要作用。

从 TLLP 中学习

我们重点介绍了从 TLLP 中学到的五个关键经验教训，这些经验教训有助于建立新的专业发展模式。

1.优先考虑教师的学习和对教师的领导，需要改变教师工作的决策制订和教育改革的实质和方式

政策对教师和教学的重视是喜忧参半的。承认、尊重和重视教师的重要性是至关重要的。但是，在教学专业合作和参与方面，政府如果忽视教师，自己制定政策，强制执行，则将是不恰当和低效的。通过 TLLP，我们了解到政府、教师、学区和学校领导共同努力发展协作专业精神的重要性，在这种专业精神中，教育改进的设计和实施是共享和共有的。教师和其他教育工作者需要在教育公平和卓越行动中发挥作用。教师领导力包含正式和非正式的领导机会，其中，教师通过领导学习产生的专业学习、知识和实践中的非正式领导机会更加重要。

2.专业合作得益于适当的合作伙伴关系，以及有条件并愿意支持教师学习与领导力的有效体制

以前的政府对教师和公共部门怀有敌意，局面因此混乱，但 2003 年起选出的新政府实施了一系列改革，让专业人士成为改进教育的合作伙伴。随着时间的推移，信任度开始增加，政策和教学工作者之间的关系也在改善。教师发展工作台、省教育部、OTF 和附属工会为项目改进设计方案，成为不同项目的战略合作者。TLLP 现已进入第十个年头。然而，它需要人们继续关注，并保持警醒，确保相互支持和专业工作关系可以维持下去。

虽然 TLLP 项目由教师主导，但国家 / 州 / 省一级以及学区和学校体制的支持，能为教师专业和领导力发展以及知识动员提供非常重要的文化和基础设施。从通过适当和有效的专业学习研究了解 TLLP 的初步设计，到项目期间和项目结束后为 TLLP 教师领导者提供的申请、建议和支持的细节，省教育部和 OTF 都支持着 TLLP 的项目工作。

通过培训活动、在线网络和 TLLP 社区，教师可以很快地向项目申请成功者学习，省教育部和 OTF 办公室也会提供各种方式的帮助。因此，TLLP 不同于许多开发项目，因为 TLLP 有系统级的团队在需要时提供帮助。这让教师有了强烈的社区意识，社区会以任何可能或必要的方式支持他们。教师们也知道并看到，省教育部和 OTF 的携手合作让项目更加有效率。省级合作的这种态度告诉教师，决策者和同事对组织和领导重要的学习工作都有极大的信心，并且会参与其中。在当地，TLLP 项目，特别是大规模分享类的大型 PKE 项目，受益于学校和学区领导的积极支持和参与。这种体制合作伙伴关系、支持和积极的态度即使不是独一无二的，也是罕见的，但我们相信这是专业发展项目中必不可少的。

3. 重视和支持教师自主学习是不可或缺的

TLLP 将教师视为自身专业发展的领导者，并支持他们制订自己的学习目标，尝试自己的想法、成果和实践。教师选择他们感兴趣的优先主题，并与大范围教育系统中的教育优先事项及其学校和学生的特殊需要相联系。让教师有权利选择专业发展是非常有益的事项，因为这使学习的内容和过程更具相关性和敏感性。

21 世纪的探究技能、数字公民意识、高级思维和批判性思维都已成为 TLLP 的一部分，因为教师在其专业发展项目中选择了不同的学习工具。当教师自己决定承担风险，而不是被外界强迫承担风险时，情况就发生了变化。TLLP 项目中，教师能与同事一起发展新技能，一起学习和教学，犯错误，收拾残局，以创新和有效的方式整合教学方法。这种自由赋予教师力量和信心，尝试新的学习领域、新的工具和新的思维方式，自己推动自己，而不是被外界推动。教师专业学习的创新方法也有利于学生从事新的、创新的、有时是令人兴奋的项目，学生有机会进行询问，批判性地思考复杂问题，并成为学习的领导者。随着专业和协作学习的发展，所有新想法都在 TLLP 中得到了尝试。

很多证据表明，专业发展是以更传统的方式由外部组织和交付的，但这种方式往往并不成功，因为它可能不是教师需要的，可能得不到太多支持。而且，即使是一个好的、教师需要的专业发展，也常常得不到足够长的实践时间来真正改变教师的实践。另一方面，我们的研究表明，由教师主导的专业发展似乎为教师知识、技能和实践的提高提供了巨大的推动力。TLLP 体现了有效专业学习的研究性原则，并通过体制领导和教师领导的共同行动扩展了这些实践。

4. 把教师培养成同事学习和教育进步的领导者是至关重要的

除了发展教师的专业知识基础和改进教学实践外，TLLP 还为发展教师的领导能力创造了条件。我们从 TLLP 中学到，当教师自愿领导一个项目时，应该建议他们与他人合作，管理资金和时间，并实施专业发展。教师是在这些真实的过程中学习领导，而不是通过强加的计划或正式的责任来学习领导。TLLP 的教师领导者很快就会开始相同的经历：公开教学，尝试新的教与学的思维方式，学会建立团队和分享领导权，管理项目，在出现问题时处理紧张和冲突，让每个人都在工作中前进、学习并参与其中。

TLLP 成员还需要在团队外分享学习和实践，学习如何向陌生人展示自己的想法，如何准备和举办研讨会，如何培训和指导其他教师，如何编写和参与在线社区，以及如何建立联系和扩展网络。多年来，人们一直在研究如何应对变化带来的不便，并撰写相关文章（Deutsch，2000；Lieberman，1988；Talbert，2010；Sarason，1971）。领导 TLLP 项目时所出现的新的挑战，改革给人们所带来的不适，即对过往经验以及新型领导力的焦虑感。该如何解决此等焦虑，解决这些紧张的工作关系，则为 TLLP 的学习提供了新的途径。

虽然表达方式不同，但那些小脚本中重复最多的，是认识到 TLLP 允许（甚至鼓励）合作，因为合作表明教师有不同的优势，合作给他们提供了巨大的改革力量。对 TLLP 教师来说，成为领导者和发展社区是有意义的，虽然有压力，但归根到底是令人难忘的学习经历。

5. 让教师成为可操作知识的开发者和动员者，有助于分享和传播实践中的改进

TLLP 承认教师是知识的开发者和动员者，并为教师提供支持个人和集体学习的系统，开发和共享专业知识和实践。TLLP 认为，教师不应是外部专业知识的接受者，而是积极的学习者、研究者、实验者和创新者。TLLP 鼓励教师向他人开放课堂，共同反思和学习。因为目的是学习，所以教师的部分工作就是要弄清楚如何与他人相处，欣赏他人的长处，深化工作，学习和分享领导力，以及深化自己的教学内容知识。在这个过程中，许多教师学

会了相互信任、相互学习、共同构思。TLLP 中的协作似乎是教师在自身发展和集体专业知识发展过程中与他人合作的必选。

TLLP 能帮助项目知识和即用型资源传播到安大略省及其他地区。除了项目完成后由 TLLP 组织举办的分享活动和指定用于与项目交流相关的学习和材料的在线空间外，教师们还举办研讨会，开发网站、博客，发表文章，以及其他多种方式接触课堂，扩展到学校甚至国家以外的广大观众。这种知识共享是所有人对专业发展的高期望，因为它要求教师解释自己的学习过程和学习产品。有的教师成为专家演讲者，有的教师收获了领导力经验，从而获得新的职位，还有的教师开始使用刚刚学到的技术工具。但是，学习和新知识才是培养教师个人或教师团队的最重要的公共理念。

专业协作、面对面交流、在线交流和印刷出版资料，共同开发、分享和传播供学校和课堂使用的实用资源和产品，这些结合起来，成为适用于实践可持续改革的、强有力的知识交流方法。

结　论

多年来，TLLP 成功地为教育者、学生和社区提供了学习、领导和知识共享，向世界展示了新的职业发展模式。

对于寻求发展领导力以支持其他教师专业学习和实践的教师来说，我们建议：

◆ 确定想要改进的专业实践的优先领域；

◆ 考虑如何学习改进自己的实践，以及如何与他人合作共同学习和分享专业知识；

◆ 有意发展自己的领导实践，让其他教师参与协作性专业学习和实践分享；

◆ 致力于协作性专业学习活动，寻求网络（面对面和在线）联系并扩大网络涵盖范围；

◆ 利用实用资源支持新实践的共享、推广和实施。

然而，虽然 TLLP 以教师为主导，但它并不是孤立的或个性化的教师自主项目。TLLP 是大范围的教师集体和协作专业发展体系的一部分。TLLP 模型提出了重要假设，对其成功和其他教育系统（国家、州/省、学区）寻求创建类似的专业发展模型非常重要。TLLP 的假设和相关原则和做法包括：

◆ 组织教师专业和决策小组时，尊重、真正的合作和公开的交流是必不可少的，不断发展对教师专业学习的支持也是必不可少的。

◆ 设计和发展专业学习和教师领导力的方法时，如果能以信息研究原则、政策和实践伙伴关系为基础，整合教师经验，设计适应教师实践的实用方法，效果会更好。

◆ 坚信确定"学习条件"有助于为教师提供独特的职业发展机会。在职业发展中，教师有选择权、自由和机会去创造想法并领导项目是至关重要的。

◆ 鼓励与系统或学校目标和学生需求相关的教师主导型专业发展，并为教师提供机会，在体制、学区和学校层面以及教师主导的网络层面都很重要。

◆ 在体制层面上应该提供支持，实现教师主导的专业发展，特别是提供资金支持、切实支持教师领导、提供培训、建立面对面和在线资源以及网络。

◆ 培养系统和学校条件，使教师能在实践领导中学习领导力，重点是发展教师的项目管理、协作和人际交往技能。

◆ 学区和学校领导帮助、扶持和参与学校文化、日常课程和经验建设，重视、支持和分享教师的个人和协作专业学习，这样有利于实践和学生学习成果的改变。

◆ 经验丰富的教师通过项目、团队和实践中非正式的教师领导，而不是正式的指派或分配职责，在领导自己和同事学习的过程中获益。

◆ 在各方支持下，教师将其实践去私有化，共同开发新的知识、技能和实践，致力于通过合作、交流和开发产品/资源来分享、传播和维持这些知识和实践。

TLLP 是强大的、有目的的、专业性的教师成长、学习和发展领导力方式。我们非常感谢有机会参与 TLLP 的合作学习。希望在此学到的经验能鼓励政府决策者、工会领导者、学区行管人员、学校校长和教师创造具有强大力量和教师参与的学习条件，开发教师领导力和协作方面的重要课程，使教师得到"归其所有，由其而发，为其所用"的专业发展。

我们写这本书的目的不仅仅是提供 TLLP 的证据。我们还提供了项目的重要想法和经验教训，帮助教育工作者、决策者和研究者，寻求教育改进的知识和实践。TLLP 的力量来自教育者、政策制定者、研究者和其他合作伙伴之间的合作，致力于发展教师的专业学习和领导力，发展和分享知识、技能和实践的改进，帮助学生更好地学习并获得成功。当人们听到教育者、政策制定者和研究者的声音，当他们学会合作，学生的利益和教学的专业化将拥有巨大的潜力。

参考文献

Ainscow, M. (2015). *Towards Self-Improving School Systems: Lessons from a city challenge.* London and New York: Routledge.

Amato, L. and Devlin, K. (2009). Building trust: Transforming professional development in Ontario, Canada, from punitive to positive through policy development. Paper presented at the European Conference on Education Research, European Education Research Association, (EERA), Vienna.

Amato, L., Anthony, P. and Strachan, J. (2014). Know how? Show how: Experienced teachers share best practices through Ontario program. *Journal of Staff Development, 35*(2), pp. 46–49.

Avalos, B. (2011). Teacher professional development in teaching and teacher education over ten years. *Teaching and Teacher Education, 27*, pp. 10–20.

Baker-Doyle, K. (2011). *The Networked Teacher: How new teachers build social networks for professional support.* New York: Teachers College Press.

Baker-Doyle, K.J. and Yoon, S.A. (2010). Making expertise transparent: Using technology to strengthen social networks in teacher professional development. In A. Daly (Ed.), *Social Network Theory and Educational Change.* Cambridge, MA: Harvard Education Press, pp. 115–126.

Barber, M. and Mourshed, M. (2007). *How the World's Best Performing School Systems Come Out on Top.* New York: McKinsey & Company.

Best, A. and Holmes, B. (2010). Systems thinking, knowledge and action: Towards better models and methods. *Evidence & Policy, 6*(2), pp. 145–159.

Camburn, E., Rowan, B. and Taylor, J. (2003). Distributed leadership in schools: The case of elementary schools adopting comprehensive school reform models. *Educational Evaluation and Policy Analysis, 25*(4), pp. 347–373.

Campbell, C. (2015a). Leading system-wide educational improvement in Ontario. In A. Harris and M. Jones (Eds.), *Leading Futures: Global perspectives on educational leadership.* London: Sage, pp. 72–104.

Campbell, C. (2015b). Teachers as leaders of teachers' professional learning. *The Australian Educational Leader, 37*(3).

Campbell, C., Lieberman, A. and Yashkina, A. (2013). *The Teacher Leadership and Learning Program: A research report.* Toronto, Canada: Ontario Teachers' Federation.

Campbell, C., Lieberman, A. and Yashkina, A. with Carrier, N., Malik, S. and Sohn, J. (2014). *The Teacher Leadership and Learning Program: Research report 2013–2014*. Toronto, Canada: Ontario Teachers' Federation.

Campbell, C., Lieberman, A. and Yashkina, A. (2015a). Teachers leading educational improvements: Developing teachers' leadership, improving practices, and collaborating to share knowledge. *Leading & Managing*, 21(2), pp. 90–105.

Campbell, C., Lieberman, A. and Yashkina, A. with Hauseman, C. and Rodway, J. (2015b). *The Teacher Learning and Leadership Program: Research report 2014–2015*. Toronto, Canada: Ontario Teachers' Federation.

Campbell, C., Osmond-Johnson, P., Lieberman, A. and Sohn, J. (forthcoming). Teacher policies and practices in Ontario. In C. Campbell and K. Zeichner with J. Hollar, A. Lieberman, P. Osmond-Johnson, S. Pisani and J. Sohn. *Developing Teachers and Teaching in Canada: Policies and practices in Alberta and Ontario.*

Centre for the Use of Research Evidence in Education (CUREE) (2012). *Understanding What Enables High Quality Professional Learning: A report on the research evidence*. London, UK: Pearson School Improvement.

Chapin, S.H., O'Connor, C., O'Connor, M.C. and Anderson, N.C. (2009). *Classroom discussions: Using math talk to help students learn, grades K-6*. Math Solutions.

City, E.A., Elmore, R.F., Fiarman, S.E. and Teitel, L. (2009). *Instructional Rounds in Education: A network approach to improving teaching and learning*. Cambridge, MA: Harvard Education Press.

Cochran-Smith, M. and Lytle, S. (1993). *Inside/Outside: Teacher research and knowledge*. New York: Teachers College Press.

Coleman, J., Campbell, E., Hobson, C., McPartland, J., Mood, A., Weinfield, F. and York, R. (1966). *Equality of Educational Opportunity*. Washington, DC: US Government Printing Office.

Crowther, F. (2015). Teacher leaders and expert teachers—equally important but not to be confused. *The Australian Educational Leader*, 37(3), pp. 6–7.

Dagen, A.S. and Bean, R.M. (2014). High-quality research-based professional development: An essential for enhancing high-quality teaching. In L.E. Martin, S. Kragler, D.J. Quatroche and K.L. Bauserman (Eds.), *Handbook of Professional Development in Education: Successful models and practices, preK–12*. New York: Guilford Press, pp. 42–64.

Daly, A. (2010). Surveying the terrain ahead: Social network theory and educational change. In A. Daly (Ed.), *Social Network Theory and Educational Change*. Cambridge, MA: Harvard Education Press, pp. 259–274.

Darling-Hammond, L. (2010). *The Flat World and Education: How America's commitment to equity will determine our future*. New York: Teachers College Press.

Darling-Hammond, L. and Rothman, R. (Eds.) (2011). *Teacher and Leader Effectiveness in High-Performing Education Systems*. Washington, DC: Alliance for Excellent Education and Stanford, CA: Stanford Center for Opportunity Policy in Education.

Darling-Hammond, L. and Rothman, R. (Eds.) (2015). *Teaching in the Flat World: Leading from high-performing systems*. New York: Teachers College Press.

Darling-Hammond, L., Chung Wei, R., Andree, A., Richardson, N. and Orphanos, S. (2009). *Professional Learning in the Learning Profession: A status report on teacher development in the United States and abroad*. Dallas, TX: National Staff Development Council.

Desimone, L.M. and Stuckey, D. (2014). Sustaining teacher professional development. In L.E. Martin, S. Kragler, D.J. Quatroche and K.L. Bauserman (Eds.), *Handbook of Professional Development in Education: Successful models and practices, preK–12*. New York: Guilford Press, pp. 483–506.

Deutsch, M. (2000). Some guidelines for developing a creative approach to conflict. In P. Coleman and M. Deutch (Eds.), *The Handbook of Conflict Resolution: Theory and practice*. San Francisco: Jossey-Bass.

DuFour, R. (2004).*Whatever It Takes: How professional learning communities respond when kids don't learn*. Bloomington, IN: National Educational Service.

Edmonds, R.R. (1979). Effective schools for the urban poor. *Educational Leadership*, *37*(1), pp. 15–18, 20–24.

Elmore, R.F. (2000). *Building a New Structure for School Leadership*. Washington, DC: Albert Shanker Institute.

Evers, J. and Kneyber, R. (Eds.) (2015). *Flip the System: Changing education from the ground up*. London and New York: Routledge.

Firestone, W.A. and Martinez, M.C. (2009). Districts, teacher leaders, and distributed leadership: Changing instructional practice. In K. Leithwood, B. Mascall and T. Strauss (Eds.), *Distributed Leadership According to the Evidence*. London: Routledge, pp. 61–86.

Frost, D. (2012). From professional development to system change: Teacher leadership and innovation, *Professional Development in Education*, *38*(2), pp. 205–227.

Fullan, M. (1995). Broadening the concept of teacher leadership. Paper presented at the National Staff Development Conference. Chicago, Illinois in November.

Fullan, M. (1998). The meaning of educational change—A quarter century of learning. In A. Hargreaves, A. Lieberman, M. Fullan and D. Hopkins (Eds.), *The International Handbook of Educational Change: Part one*. Dordrecht: Kluwer Academic Publishers, pp. 214–228.

Fullan, M. (2000). The return of large-scale reform. *Journal of Educational Change*, *1*(1), pp. 5–28.

Fullan, M. (2001.). *The New Meaning of Educational Change*. New York: Teachers College Press.

Fullan, M. (2009). Large scale reform comes of age. *Journal of Educational Change*, *10*(2–3), pp. 101–113.

Fullan, M. (2010). *All Systems Go: The change imperative for whole system reform*. Thousand Oaks, CA: Corwin Press.

Fullan, M. (2015). Leadership from the middle. *Education Canada*, *55*(4).

Garet, M., Porter, A., Desimone, L., Birman, B. and Yoon, K. (2001). What makes professional development effective? Analysis of a national sample of teachers. *American Educational Research Journal*, *38*(4), pp. 915–945.

Gordon, S.P., Jacobs, J. and Solis, R. (2014). Top 10 learning needs for teacher leaders. *Journal of Staff Development*, *35*(6), pp. 48–52.

Griffith, P.L., Ruan, J., Stepp, J. and Kimmel, S.J. (2014). The design and implementation of effective professional development in elementary and early childhood settings. In L.E. Martin, S. Kragler, D.J. Quatroche and K.L. Bauserman (Eds.), *Handbook of Professional Development in Education: Successful models and practices, preK–12*. New York: Guilford Press, pp. 189–204.

Hammersley-Fletcher, L. and Brundrett, M. (2005). Leaders on leadership: The impressions of primary school head teachers and subject leaders. *School Leadership and Management*, *25*(1), pp. 59–75.

Hargreaves, A. (1994). *Changing Teachers, Changing Times: Teachers' work and culture in a postmodern age*. New York: Teachers College Press.

Hargreaves, A. (2010). Change from without: Lessons from other countries, systems, and sectors. In *Second Handbook of Educational Change*. New York: Springer, pp. 105–117.

Hargreaves, A. (2015). Forward. In M. Ainscow. *Towards Self-Improving School Systems: Lessons from a city challenge*. London and New York: Routledge.

Hargreaves, A. and Fullan, M. (1998). *What's Worth Fighting for Out There*. New York: Teachers College Press.

Hargreaves, A. and Shirley, D. (2009). *The Fourth Way: The inspiring future for educational change*. Thousand Oaks, CA: Corwin.

Hargreaves, A. and Braun, H. (2012). *Leading for All: The CODE special education project*. Toronto, ON: Council of Ontario Directors of Education.

Hargreaves, A. and Fullan, M. (2012). *Professional Capital: Transforming teaching in every school*. New York: Teachers College Press and Toronto, ON: Ontario Principals' Council.

Hargreaves, A. and Shirley, D. (2012). *The Global Fourth Way: The quest for educational excellence*. Thousand Oaks, CA: Corwin.

Hargreaves, A. and Fullan, M. (2013). The power of professional capital: With an investment in collaboration, teachers become nation builders. *Journal of Staff Development, 34*(3), pp. 36–39.

Hargreaves, A., Lieberman, A., Fullan, M. and Hopkins, D. (2009). *Second International Handbook of Educational Change*. The Netherlands: Springer.

Harris, A. (2003). Teacher leadership as distributed leadership: Heresy, fantasy or possibility? *School Leadership and Management, 23*(3), pp. 313–324.

Harris, A. (2005). Teacher leadership: More than just a feel-good factor? *Leadership and Policy in Schools, 4*, pp. 201–219.

Harris, A. (2010). Leading system transformation. *School Leadership and Management, 30*(3), pp. 197–207.

Harris, A. and Muijs, D. (2004). *Improving Schools through Teacher Leadership*. London: Open University Press.

Harris, A. and Jones, M. (2015). Improving learning through leadership. Guest blog for Scottish College for Educational Leadership. Retrieved from https://scelscotland. wordpress.com/2015/06/10/improving-learning-through-leadership/.

Hattie, J. (2009). *Visible Learning: A synthesis of over 800 meta-analyses relating to achievement*. New York: Routledge.

Heitin, L. (2013). Are teachers 'at the table' or 'on the menu'? Hard to tell. *Education Week*, June 24.

Hunzicker, J. (2012). Professional development and job-embedded collaboration: How teachers learn to exercise leadership. *Professional Development in Education, 38*(2), pp. 267–289.

Ingvarson, L. (2014). Standards-based professional learning and certification: By the profession, for the profession. In L.E. Martin, S. Kragler, D.J. Quatroche and K.L. Bauserman (Eds.), *Handbook of Professional Development in Education: Successful models and practices, preK–12*. New York: Guilford Press, pp. 385–411.

Jencks, C.S., Smith, M., Acland, H., Bane, M.J., Cohen, D., Ginter, H., Heyns, B. and Michelson, S. (1972). *Inequality: A reassessment of the effect of the family and schooling in America*. New York: Basic Books.

Jensen, B., Hunter, A., Sonnemann, J. and Burns, T. (2012). *Catching Up: Learning from the best school systems in East Asia*. Victoria: Grattan Institute.

Katzenmeyer, M. and Moller, G. (2001). *Awakening the Sleeping Giant: Helping teachers develop as leaders*. Thousand Oaks: Corwin Press.

Lambert, L. (1998). *Building Leadership Capacity in Schools*. Alexandria, VA: Association for Supervision and Curriculum Development.

Lambert, L. (2003). Shifting conceptions of leadership: Towards a re-definition of leadership for the 21st century. In B. Davies and J. West Burnham (Eds.), *Handbook of Educational Leadership and Management*. London: Pearson Education, pp. 5–15.

Lambert, L., Walker, D., Zimmerman, D.P., Cooper, J.E., Lambert, M.D., Gardner, M.E. and Ford Slack, P.J. (1995). *The Constructivist Leader*. New York: Teachers College Press.

Lampert, M. (2001). *Teaching as a Problem and the Problems of Teaching*. New Haven, CT: Yale University Press.

Lave, J. and Wenger, E.C. (1991). *Situated Learning: Legitimate peripheral participation*. New York: Cambridge University Press.

Lay-Choo, T. and Darling-Hammond, L. (2015). Creating effective teachers and leaders in Singapore. In L. Darling-Hammond and R. Rothman (Eds.) (2011), *Teacher and Leader Effectiveness in High-Performing Education Systems*. Washington, DC: Alliance for Excellent Education and Stanford, CA: Stanford Center for Opportunity Policy in Education, pp. 63–75.

Leithwood, K. (2012). *Ontario Leadership Framework 2012: With a discussion of the research foundations*. Ontario: The Institute for Education Leadership.

Leithwood, K., Mascall, B., Strauss, T., Sacks, R., Memon, N. and Yashkina, A. (2009). Distributing leadership to make schools smarter: Taking the ego out of the system. In K. Leithwood, B. Mascall and T. Strauss (Eds.), *Distributed Leadership According to the Evidence*. London: Routledge, pp. 223–251.

Levine, D.U. and Lezotte, L.W. (1990). *Unusually Effective Schools: A review and analysis of research and practice*. Madison, WI: National Center for Effective Schools.

Lezotte, L. (1991). *Correlates of Effective Schools: The first and second generation*. Okemos, MI: Effective Schools Products, Ltd.

Lieberman, A. (Ed.) (1988). *Building a Professional Culture in Schools*. New York: Teachers College Press.

Lieberman, A. and Miller, L. (2000). Teaching and teacher development: A new synthesis for a new century. In R. Brandt (Ed.), *Education in a New Era*. Alexandria, VA: ASCD.

Lieberman, A. and Wood, D.R. (2003). *Inside The National Writing Project: Connecting network learning and classroom teaching*. New York: Teachers College Press.

Lieberman, A. and Friedrich, L. (2007). Changing teaching from within: Teachers as leaders. In J. MacBeath and Y. Cheong Cheng (Eds.), *Leadership for Learning: International perspectives*. Amsterdam: Sense Publishers.

Lieberman, A. and Miller, L. (2008). *Teachers in Professional Communities: Improving teaching and learning*. New York: Teachers College Press.

Lieberman, A. and Friedrich, L. (2010). Teacher leadership: Developing the conditions for learning, support, and sustainability. In A. Hargreaves, A. Lieberman, M. Fullan and D. Hopkins (Eds.), *The Second Handbook of Educational Change*. New York: Springer, pp. 647–667.

Lieberman, A. and Pointer-Mace, D. (2010). Making practice public: Teacher learning in the 21st century. *Journal of Teacher Education*, 61(1–2), pp. 77–88.

Lieberman, A. and Miller, L. (2014). Teachers as professionals: Evolving definitions of staff development. In L.E. Martin, S. Kragler, D.J. Quatroche and K.L. Bauserman (Eds.), *Handbook of Professional Development in Education: Successful models and practices, preK–12*. New York: Guilford Press, pp. 3–21.

Lieberman, A., Saxl, E.R. and Miles, M.B. (2000). Teacher leadership: Ideology and practice. In *The JosseyBass Reader on Educational Leadership*. San Francisco: JosseyBass, pp. 339–345.

Lieberman, A., Campbell, C. and Yashkina, A. (2015a). Teacher learning and leadership program: Professional development for and by teachers. In J. Elmers and R. Kneyber (Eds.), *Flip the System: Changing education from the group up*. London: Routledge.

Lieberman, A., Campbell, C. and Yashkina, A. (2015b). Teachers at the center: Learning and leading. *The New Educator*, 11(2), pp. 121–129.

Little, J.W. (1990). Teachers as colleagues. In A. Lieberman (Ed.), *Schools as Collaborative Cultures*. London: Falmer Press, pp. 165–193.

Little, J.W. (1995). Contested ground: The basis of teacher leadership in two restructuring high schools, *The Elementary School Journal*, *96*(1), pp. 47–63.

Little, J.W. (2001). Professional development in pursuit of school reform. In A. Lieberman and L. Miller (Eds.), *Teachers Caught in the Action: Professional development that matters*. New York: Teachers College Press, pp. 28–44.

Little, J.W. (2010). Forward. In A. Daly (Ed.), *Social Network Theory and Educational Change*. Cambridge, MA: Harvard Education Press, pp. xi–xiv.

Louis, K.S., Mayrowetz, D., Smiley, M. and Murphy, J. (2009). The role of sensemaking and trust in developing distributed leadership. In A. Harris (Ed.), *Distributed Leadership: Different Perspectives*. (Vol. 7, pp. 157–180). The Netherlands: Springer.

Mclaughlin, M.W. and Talbert, J. (1993). *Contexts That Matter for Teaching and Learning*. Stanford, CA: Context Center for Teaching and Learning in Secondary Schools.

Miles, M., Saxl, E. and Lieberman, A. (1988). What skills do educational change agents need? An empirical view. *Curriculum Inquiry*, *18*(2), pp. 157–193.

Mourshed, M., Chijioke, C. and Barber, M. (2010). *How the World's Most Improved School Systems Keep Getting Better*. New York: McKinsey & Co.

National Commission on Teaching and America's Future (1996). *What Matters Most: Teaching for America's future*. New York: NCTAF.

O'Connor, K. and Boles, K. (1992). *Assessing the Needs of Teacher Leaders in Massachusetts*. Paper presented at the Annual Meeting of the American Educational Research Association, San Francisco, CA.

Ontario Ministry of Education (n.d.). Teacher learning and leadership program for experienced teachers: Program guideline. Queen's Printer for Ontario.

Ontario Ministry of Education (2007). Report to the partnership table on teacher professional learning: Recommendations of the working table on teacher professional development.

Ontario Ministry of Education (2014). *Achieving Excellence: A renewed vision for education in Ontario*. Toronto, ON: Queen's Printer for Ontario.

Organisation for Economic Cooperation and Development (OECD) (2010). *PISA 2009 Results: What makes a school successful? Resources, policies and practices. Vol. IV*. Paris: OECD.

Ovando, M. (1996). Teacher leadership: Opportunities and challenges. *Planning and Changing*, *27*(1/2), pp. 30–44.

Pervin, B. and Campbell, C. (2015). Systems for teacher and leader effectiveness and Quality: Ontario, Canada. In L. Darling-Hammond and R. Rothman (Eds.), *Teaching in the Flat World: Leading from high-performing systems*. New York: Teachers College Press, pp. 45–62.

Renfrew County Catholic District School Board (2015). Retrieved from: http://rccdsb.edu.on.ca/.

Reynolds, D. and Creemers, B. (1990). School effectiveness and school improvement: A mission statement. *School Effectiveness & School Improvement*, *1*(1), pp. 1–3.

Reynolds, D. and Stoll, L. (1996). Merging school effectiveness and school improvement: The knowledge base. In D. Reynolds, R. Bollen, B. Creemers, D. Hopkins, L. Stoll and N. Lagerweij (Eds.), *Making Good Schools: Linking school effectiveness and school improvement*. London: Routledge, pp. 94–112.

Reynolds D., Sammons P., De Fraine B., Townsend T. and Van Damme J. (2011). *Educational Effectiveness Research (EER): A state of the art review*. Paper presented at the annual meeting of the International Congress for School Effectiveness and Improvement, Cyprus, 2011.

Robinson, V., Hohepa, M. and Lloyd, C. (2009). *School Leadership and Student Outcomes: Identifying what works and why*. Auckland, NZ: New Zealand Ministry of Education.

Rosenholtz, S. (1989). *Teachers' Workplace: The social organization of schools*. Longman Publishers.

Sahlberg, P. (2011). *Finnish Lessons: What can the world learn from educational change in Finland?* New York: Teachers College Press.

Sahlberg, P. (2015). Developing effective teachers and school leaders: The case of Finland. In L. Darling-Hammond and R. Rothman (Eds.), *Teaching in the Flat World: Leading from high-performing systems.* New York: Teachers College Press, pp. 30–45.

Sahlberg, P. (2016). *Finnish Lessons 2.0: What can the world learn from educational change in Finland?* New York: Teachers College Press.

Saldaña, J. (2013). *The Coding Manual for Qualitative Researchers* (2nd edition). Thousand Oaks, CA: SAGE Publications.

Sammons, P., Hillman, J. and Mortimore, P. (1995). *Key Characteristics of Effective Schools: A review of school effectiveness research.* London: Office for Standards in Education [OFSTED].

Sanders, W.L. and Rivers, J.C. (1996). *Cumulative and Residual Effects of Teachers on Future Students' Academic Achievement.* Knoxville, TN: University of Tennessee Value-Added Research and Assessment Center.

Sarason, S. (1971). *The Culture of the School and the Problem of Change.* Boston: Allyn & Bacon.

Schleicher, A. (2009). International benchmarking as a lever for policy reform. In A. Hargreaves and D. Shirley (Eds.), *Change Wars.* Bloomington: Solution Tree, pp. 177–233.

Schon, D. (1983). *The Reflective Practitioner: How professionals think in action.* New York: Basic Books.

Sergiovanni, T.J. (1999). *Rethinking Leadership: A collection of articles.* Skylight Professional Development, IL: Skylight Training and Publishing Inc.

Simcoe County District School Board (2014). About us. Retrieved from https://www.scdsb.on.ca/About%20Us/Pages/About-Us.aspx.

Smylie, M.A. (1997). Research on teacher leadership: Assessing the state of the art. In B.J. Biddle, T.L. Good and I.F. Goodson (Eds.), *International Handbook of Teachers and Teaching.* Dordrecht: Kluwer Academic Publishers, pp. 521–592.

Smylie, M.A. and Denny, J.W. (1990). Teacher leadership: Tensions and ambiguities in organizational perspective. *Educational Administrative Quarterly, 26*(3), pp. 235–259.

So, J. (2014). *The Impact of Teachers Questions on Students Learning of Part-Whole Relations and a Benchmark Model in Fractions.* Thunder Bay: Lakehead University.

Stein, M.K., Engle, R.A., Smith, M.S. and Hughes, E.K. (2008). Orchestrating productive mathematical discussions: Five practices for helping teachers move beyond show and tell. *Mathematical Thinking and Learning, 10*(4), pp. 313–340.

Talbert, J. (2010). Professional learning communities at the crossroads: How systems hinder or engender change. In A. Hargreaves, A. Lieberman, M. Fullan and D. Hopkins (Eds.), *The Second Handbook of Educational Change.* New York: Springer.

Teach Ontario. (2015, 17 March). Redefining the use of technology in full day kindergarten. Retrieved from: https://www.teachontario.ca/community/explore/teachontario-talks/blog/2015/03/17/redefining-the-use-of-technology-in-full-day-kindergarten.

Teddlie, C. and Reynolds, D. (2000). *The International Handbook of School Effectiveness Research.* London, England: Falmer.

Thrupp, M. (1999). *Schools Making a Difference: Let's be realistic!* Maidenhead, England: Open University Press.

Timperley, H. (2008). *Teacher Professional Learning and Development: Educational practice series–18.* International Academy of Education & International Bureau of Education Paris. UNESCO.

Timperley, H., Wilson, A., Barrar, H. and Fung, I. (2007). Teacher professional learning and development. Retrieved from: http://www.oecd.org/edu/school/48727127.pdf.

Tseng, V. (2012). Social policy report: The uses of research in policy and practice. *Society for Research in child Development, 26*(2), pp. 1–24.

Wallace, M. (2002). Modelling distributed leadership and management effectiveness: Primary school senior management teams in England and Wales. *School Effectiveness and School Improvement, 13*(2), pp. 163–186.

Wei, R., Darling-Hammond, L. and Adamson, F. (2010). *Professional Development in the United States: Trends and challenges*. TX: National Staff Development Council.

Wenger, E. (1998). *Communities of Practice: Learning, meaning, and identity*. New York: Cambridge University Press.

Whitaker, T., Zoul, J. and Casas, J. (2015). *What Connected Educators Do Differently*. London and New York: Routledge.

York-Barr, J. and Duke, K. (2004). What do we know about teacher leadership. Findings from two decades of scholarship. *The Review of Educational Research, 74*(3), pp. 255–316.

Youngs, P. and Lane, J. (2014). Involving teachers in their own professional development. In L.E. Martin, S. Kragler, D.J. Quatroche and K.L. Bauserman (Eds.), *Handbook of Professional Development in Education: Successful models and practices, preK–12*. New York: Guilford Press, pp. 284–303.

译后记

纵观历史，任何一件事物都是在改革中得以生存、发展和进步，而改革的动力则源自内部的需求和外力的驱使，教育事业亦然如此。

根据《美国新闻与世界报道》、BAV GROUP 和美国宾夕法尼亚大学沃顿商学院多年来联合发布的世界年度最佳教育国家报告，加拿大屡屡排名前列。中国多年来也是加拿大第一大国际学生生源国。加拿大的教育质量多年来一直位于世界前列，其重要原因之一就是有着这样一批实践性的教育工作者，他们从问题导向入手，在过程中反复实践，不断学习和更新教学实践和理论，力臻完善教育体制和学习方法，为学生和其他教育利益相关者提供最大的反馈和回报。

《教师学习与领导力》一书由数名教学从业者所著。他们从加拿大历年来教育改革方面入手，梳理了所经历的各式各样的模式和发展，其中包括由上至下、由下至上和市场驱动等不同的改革尝试。随着时代的变迁和教育环境的变化，他们认为之前的教育理论与实践逐渐无法满足当下的需求。据此，几位作者通过最新的教学实践，提出了一个符合 21 世纪加拿大教改所需的新颖构思，其核心是如何最大限度地发挥教育体制中教师的主观能动性。通过多年的尝试、观察、案例分析、采访、问卷调查等研究方法，他们最终提出一套完整的开发教师学习与领导力的系统，创立了一个"归其所有，由其而发，为其所用"的教师专业发展模式及系统。这一理念颇受加拿大各个层面的教育利益相关者的重视与认可。从学生到家长，从教育局行政管理人员到学校校长，从理论学者到课堂教师，他们对该前瞻性理念的成形与发展都抱有较强的期盼和希望。

本书得到了加拿大英属哥伦比亚大学教育学院孙浪老师的大力支持。他在国内完成了大学基础教育，而后又在加拿大学习并在加拿大中小学及大学系统进行过三十年教学实践和理论研究的教育工作。该书中文版的校译工作直接得到了孙浪老师在加拿大的同事和朋友们的支持，让我们对很多术语、缩写以及政策有了更深入的理解。感谢重庆大学外国语学院 2018 级翻译硕士段欣宜在翻译初稿过程中的协助。我们还要感谢重庆大学出版社夏宇女士在编辑过程中辛勤的付出。

我们十年来一直在教师教学发展事业上耕耘，我们以为该书的另一大特色就是它为我们传递了这样一个信息：只有通过不断地加强横向与纵向学习，我们的教师方可成为优秀的教育者。最好的教育者首先必须是最好的学习者。衷心希望该书在教师学习与领导力的开发上能为国内的同行带来一定的启示和帮助，为我国的教师教育研究与实践做出贡献。

彭 静 黄 璐
2021 年 8 月于重庆大学